V
H

Christoph Storck / Elmar Wortmann

Kompetenzfördernder Pädagogikunterricht

Kompetenzen, Kompetenzbereiche, Leistungsstandards, Aufgaben

herausgegeben von der

Gesellschaft für Fachdidaktik Pädagogik (GFDP)

Schneider Verlag Hohengehren GmbH

im Auftrag der Lehrerbildungskommission der GFDP erarbeitet von:

Beyer, Klaus (Köln)
Gebel, Michael (Duisburg-Essen)
Püttmann, Carsten (Münster)
Rogowski, Hermann (Rheine)
Storck, Christoph (Duisburg-Essen)
Thiem, Wolfgang (Potsdam)
Wortmann, Elmar (Dortmund)

Geschäfststelle der GFDP

Dr. Elmar Wortmann
Am Hang 32 B
58453 Witten
Tel.: 02302/68110 Fax: 02302/427285
Homepage: www.fachdidaktik-paedagogik.de
verantwortlich i.S.d.P.: Gesellschaft für Fachdidaktik Pädagogik

Gedruckt auf umweltfreundlichem Papier (chlor- und säurefrei hergestellt).

Bibliografische Information der Deutschen Nationalbibliothek

Die Deutsche Nattionalbibliothek verzeichnet diese Publikation in der Deutschen Nationalbibliografie; detaillierte bibliografische Daten sind im Internet über ›http://dnb.d-nb.de› abrufbar.

ISBN-10: 3-8340-0133-3
ISBN-13: 978-3-8340-0133-7

Printed in Germany – Druck: Appel & Klinger, Kronach

Inhaltsverzeichnis

Kompetenzfördernder Pädagogikunterricht

Kompetenzen, Kompetenzbereiche,
Leistungsstandards, Aufgaben

1. Intentionen des Bandes

Die Gesellschaft für Fachdidaktik Pädagogik (GFDP) stellt mit dem vorliegenden Band einen Entwurf für Bildungsstandards für den schulischen Pädagogikunterricht in der Sekundarstufe II von Gymnasien, Gesamtschulen und Berufskollegs zur Diskussion. Sie verbindet damit zunächst die Hoffnung, eine möglichst breite Diskussion innerhalb der eigenen Gesellschaft und zwischen den Fachdidaktik-Gesellschaften der gesellschaftswissenschaftlichen Fächer mit dem Ziel anzuregen, eine einheitliche Struktur von Kompetenzbereichen und Anforderungsbereichen für diese Fächer zu finden. Eine solche Struktur würde es erlauben, bei der Formulierung der anzustrebenden Leistungsstandards die vielfältigen Gemeinsamkeiten der gesellschaftlichen Fächer ebenso abzubilden wie deren spezifische Differenzen.

Vor allem aber will der Band die Pädagogiklehrerinnen und Pädagogiklehrer und alle für den Pädagogikunterricht in Schule, Bildungspolitik und Wissenschaft Verantwortlichen auf die Notwendigkeit, aber auch auf Möglichkeiten aufmerksam machen, die im Pädagogikunterricht angestrebten Bildungsziele durch ein Fundament überprüfbarer Kompetenzen zu unterbauen. Zugleich soll auf Probleme hinwiesen werden, die sich aus dem Versuch ergeben, diese Kompetenzen anhand standardisierter Aufgaben zu überprüfen. Zu diesem Zweck werden Aufgaben unterschiedlicher Formate vorgestellt und auf ihre Leistungsfähigkeit und ihre Grenzen hin reflektiert.
Von diesen Intentionen her muss der Status dieses Bandes verstanden werden: Er liefert keine Bildungsstandards als ein abgeschlossenes Endprodukt, sondern einen Diskus-

sionsentwurf, der einerseits allgemein- und fachdidaktisch wohlbegründete Kompetenzbereiche und Kompetenzen zusammenstellt, andererseits für Ergänzungen und Umstrukturierungen offen ist. Als besonders problematisch hat sich der Versuch erwiesen, Möglichkeiten zur Überprüfung der Kompetenzen zu entwickeln. Deshalb sind die angefügten Aufgaben nicht als Modell-Aufgaben misszuverstehen. Sie haben vielmehr die Funktion, auf Forschungsdesiderate aufmerksam zu machen. Diese bestehen insbesondere im Hinblick auf fehlende Stufenmodelle der Kompetenzentwicklung, die Festlegung von Anforderungsbereichen und Niveaustufen, das Verhältnis von formalen Operatoren und inhaltlichen Anforderungen, das Ausmaß der Standardisierung der Leistungserwartungen und die Vernachlässigung der unterrichtlichen Voraussetzungen bei zentralen Prüfungen. Diese Probleme werden nicht nur theoretisch abgehandelt, sondern an konkreten Aufgaben illustriert. Zu diesem Zweck wird jede Aufgabe auf ihre Leistungsfähigkeit, aber auch auf die mit ihr verbundenen Probleme hin kommentiert. Abschließend werden die bei den einzelnen Aufgaben aufgetretenen Schwierigkeiten zusammenfassend dargelegt.

2. Struktur des Bandes

Der von der GFDP erarbeitete Band folgt z. T. der Struktur der von der KMK beschlossenen „Bildungsstandards für den Mittleren Bildungsabschluss (Jahrgangsstufe 10)“ für die Naturwissenschaften (Biologie, Chemie, Physik). Die Vertreter dieser Fächer haben sich auf eine gemeinsame Struktur bei der Ausweisung von Kompetenzbereichen (Fachwissen, Erkenntnisgewinnung, Kommunikation, Bewertung) verständigt. Die Lehrerbildungskommission der GFDP ist der Auffassung, dass durch diese Kompetenzbereiche nicht nur Bildungsmaßstäbe für den naturwissenschaftlichen, sondern auch für den gesellschaftswissenschaftlichen Unterricht formuliert worden sind.

Für die gesellschaftswissenschaftlichen Fächer gilt ebenso wie für alle anderen Fächer, dass solides Fachwissen (Kompetenzbereich A) die Basis jeder Kompetenz ist, dass aber den Schülerinnen und Schülern die Bedeutung dieses Wissens für ihr kompetentes Urteilen und Handeln stärker als bisher üblich bewusst werden sollte.

Nach Auffassung der Kommission sollte der Kompetenzbereich B („Erkenntnisgewinnung“) gegenüber den naturwissenschaftlichen „Standards“ ausgeweitet werden zu dem komplexeren Bereich „Methodenbeherrschung“, der neben den Verfahren der Erkenntnisgewinnung auch die Beherrschung von Arbeits- und Darstellungsformen fordert.

Angesichts der zunehmenden gesellschaftlichen Differenzierung und Spezialisierung wird die Bedeutung der Kommunikation zwischen den verschiedenen gesellschaftlichen Gruppen sowie zwischen Spezialisten und Laien immer größer. Der Unterricht steht deshalb vor der

Aufgabe, die erforderliche kommunikative Kompetenz (Kompetenzbereich C) systematisch zu fördern.

Der vierte Kompetenzbereich der naturwissenschaftlichen „Standards“ („Bewerten“) scheint der GFDP angesichts der für die Pädagogik konstitutiven Handlungsdimension zu eng gefasst zu sein. Er wird deshalb zu einer breit gefächerten Reflexions- und Handlungskompetenz (D) erweitert. Diese umfasst zunächst die Kompetenz sachrational und axiologisch zu urteilen und die Urteile einer Metareflexion zu unterziehen. Daneben hat der Pädagogikunterricht auch die Kompetenz der Schülerinnen und Schüler zu fördern, angesichts realer oder fiktiver Probleme pädagogische Entscheidungen zu treffen und diese zu begründen. Schließlich soll der Pädagogikunterricht in propädeutischer Weise versuchen, die weit über den Unterrichtsalltag hinauszielende Kompetenz zu vernünftigem pädagogischen Handeln anzubahnen. Für die Ausbildung dieser komplexen Reflexions- und Handlungskompetenz sind Fachwissen, Methodenbeherrschung und kommunikative Kompetenz unverzichtbare Voraussetzungen.

Damit lassen sich die Standards für den Pädagogikunterricht in folgender Weise nach Kompetenzbereichen kategorisieren:

<table>
<tr><td colspan="3">(D)
Pädagogisches Reflektieren und Handeln</td></tr>
<tr><td>(A)
Fachwissen</td><td>(B)
Methoden-
beherrschung</td><td>(C)
Kommunikation</td></tr>
</table>

Allerdings erscheint der Kommission der Hinweis darauf erforderlich, dass ihr diese Aufgliederung pädagogischer

Kompetenz in vier Kompetenzbereiche zwar aus didaktischen Gründen hilfreich zu sein scheint, um die Schülerinnen und Schüler gezielt fördern zu können, dass de facto die vier Bereiche jedoch unauflöslich miteinander verbunden sind: Fachwissen kann ohne methodische Kompetenz nicht erworben und verarbeitet werden; Methodenbeherrschung darf, wenn sie Sinn machen soll, nicht formal bleiben, sondern muss die Ausbildung soliden Fachwissens unterstützen und Fachwissen kritisch hinterfragbar machen; Kommunikation ohne Fachwissen bleibt dilettantisch; und kompetentes pädagogisches Reflektieren und Handeln ist ohne Kompetenzen in diesen drei Bereichen nicht möglich.

Ein zweiter Hinweis betrifft den Charakter der für die vier Kompetenzbereiche zu benennenden Standards: Auf den ersten Blick mag es überraschen, dass diese nicht als Mindest- oder als Regelstandards formuliert werden. Als noch überraschender mag es erscheinen, dass die Kommission sich bei der Formulierung der Standards an die in den naturwissenschaftlichen Fächern für den *Mittleren Bildungsabschluss* formulierten Kompetenzbereiche angelehnt und diese – wenn auch in für das Fach Pädagogik modifizierter Form – auch für den *Höheren Bildungsabschluss* übernommen hat. Beides hat seinen Grund darin, dass in einer demokratischen Gesellschaft keine Differenzierung der anzustrebenden Bildung nach Schulformen und Schulstufen erlaubt ist: Alle Schüler haben ein prinzipielles Recht auf den Erwerb der von ihnen benötigten Kompetenzen. Die in den vier Kompetenzbereichen formulierten Standards haben indessen idealen Charakter. Dies heißt, dass sie von keinem Menschen vollständig erreicht werden können: Fachwissen kann immer nur in einem gewissen Maße erworben werden; dies gilt ebenso für die Ausbildung von Methodenkompetenz, kommunikativer Kompetenz sowie von pädagogischer Reflexions- und Handlungskompetenz. Es werden daher immer qualitative und quantitative Unterschiede im Ausmaß der Annäherung an die Ideale zu verzeichnen sein. Diese sollten ihre Ursache jedoch nicht in einer Beschneidung der Bildungsmöglichkeiten, sondern allein in dem individuellen Bildungspotential haben, über das jeder Schüler verfügt.

Allerdings kann nicht verkannt werden, dass es erhebliche alters- und entwicklungsbedingte Unterschiede in der Leistungsfähigkeit der Schüler gibt. Diesen wird vor allem durch die Aufgaben Rechnung getragen, durch deren Bearbeitung einerseits die geforderten Kompetenzen erworben werden sollen, andererseits ihre Verfügbarkeit überprüft werden kann.

Die unterschiedliche Leistungsfähigkeit der Schüler wird auch dadurch berücksichtigt, dass
die vier Kompetenzbereiche ihrerseits jeweils in die drei in den „Einheitlichen Prüfungsanforderungen in der Abiturprüfung“ (EPA) formulierten Anforderungsbereiche untergliedert sind. Diese unterscheiden sich vor allem hinsichtlich der Neuheit der Aufgabe, der Komplexität der Anforderungen und der Selbständigkeit der Aufgabenlösung. In diesem Sinne kann durchaus von einem ansteigenden Niveau vom Anforderungsbereich I über den Bereich II hin zum Bereich III gesprochen werden. Auf die Verwendung der Begriffe „Kompetenzstufen“ oder „Niveaustufen“ wird dennoch verzichtet, weil empirisch bestätigte Kompetenzstufenmodelle, die zur wissenschaftlichen Absicherung der Abstufung erforderlich wären, bisher nicht vorliegen. In den drei Anforderungsbereichen werden folgende Leistungen erwartet:

Anforderungsbereich I:

Wiedergabe von Sachverhalten aus einem abgegrenzten Gebiet im gelernten Zusammenhang und Beschreibung und Darstellung gelernter und geübter Arbeitstechniken in einem begrenzten Gebiet und einem wiederholenden Zusammenhang

Anforderungsbereich II:

Selbständiges Erklären, Bearbeiten und Ordnen bekannter Sachverhalte und das selbständige Übertragen des Gelernten auf vergleichbare Sachverhalte

Anforderungsbereich III:

Planmäßiges Verarbeiten komplexer Gegebenheiten mit dem Ziel, zu selbständigen Begründungen, Folgerungen, Deutungen und Wertungen zu gelangen.

Wie für die Kompetenzbereiche gilt auch für die Anforderungsbereiche, dass die Beherrschung der Kompetenzen in allen Bereichen in jeder Schulform und auf jeder Bildungsstufe in adressatengerechter Weise anzustreben ist.

* * *

Die im Pädagogikunterricht (wie auch in anderen gesellschaftswissenschaftlichen Fächern) anzustrebenden Bildungsstandards zielen auf Kompetenzen, die von den Schülern als selbständig und verantwortlich handelnde Individuen in einer demokratischen Gesellschaft benötigt werden. Die Verfügbarkeit dieser Kompetenzen (z. B. der Bereitschaft und Fähigkeit, Verantwortung in einer Gemeinschaft zu übernehmen) muss sich im außer- und nachschulischen Leben der Schüler erweisen und ist deshalb im Rahmen von Unterricht und Schule, wenn überhaupt, nur in einem sehr eingeschränkten Maße zu überprüfen. Solche Kompetenzerwartungen gelten, weil sie sich nicht objektiv überprüfen lassen, als „weiche“ Standards. Die Nichtobjektivierbarkeit darf jedoch kein Anlass dafür sein, auf diese Standards im Rahmen schulischer Bildung zu verzichten. Sie müssen als leitende Ziele den Unterricht regulieren.

Da Kompetenzen jedoch immer in inhaltlichen Kontexten erworben werden, nur in inhaltlichen Kontexten überprüft werden können und sich in inhaltlichen Kontexten bewähren müssen, verlangt die KMK in ihren Hinweisen zur „Entwicklung und Implementation von Bildungsstandards“ (Bonn 2003, 8), dass diese „die fachbezogenen Kompetenzen einschließlich zugrunde liegender Wissensbestände, die Schülerinnen und Schüler bis zu einem bestimmten Zeitpunkt ihres Bildungsganges erreicht haben sollen“, beschreiben sollen. Die GFDP begrüßt diese Forderung nach einer inhaltlichen Fundierung der im Unterricht anzustrebenden Kompetenzen ausdrücklich. Die Bildungsstandards für das Fach Pädagogik enthalten deshalb auch eine Zusammenstellung inhaltlicher Anforderungen. Diese materialen Bildungsziele sind aus der Struktur der pädagogischen Reflexion gewonnen und bilden damit eine solide Basis für diese Reflexion. Damit ist zugleich ihre Funktion bestimmt: Sie sind kein Selbstzweck. Es geht auch nicht um ein additives Anhäufen von Kenntnissen. Alle zu erwerbenden Kenntnisse dienen vielmehr der inhaltlichen Fundierung pädagogischen Denkens und Handelns und sollten deshalb von den Schülern immer so erworben werden, dass ihre Bedeutung für die pädagogische Reflexion, ihr Zusammenhang mit anderen Kenntnissen und ihre Ergänzungsbedürftigkeit durch weitere Kenntnisse deutlich wird.

3. Der Beitrag des Faches Pädagogik zur Bildung

Wenn Kants Auffassung richtig ist, dass der Mensch erst durch Erziehung zum Menschen wird, gebietet es die Verantwortung für die nachwachsende Generation, diese bestmöglich zu erziehen. Die Fähigkeit dazu ist dem Menschen jedoch nicht in die Wiege gelegt, sondern muss in Lernprozessen entwickelt werden, die um so schwieriger werden, je komplizierter die Welt ist, auf die durch Erziehung vorbereitet werden soll.

Die erhöhten Anforderungen, vor die eine moderne Gesellschaft ihre Mitglieder stellt, und die stark gewachsene Bedeutung der Erziehung ergeben sich nicht nur aus dem gewachsenen Pluralismus und der damit einhergehenden Individualisierung von Verantwortlichkeiten, sondern auch aus dem Wandel der Funktionen, die in einer Gesellschaft ausgeübt werden müssen, damit diese Bestand haben kann. Diese sind im Laufe der Geschichte immer spezieller, immer voraussetzungshafter und immer unanschaulicher geworden. Auf die Ausübung dieser Funktionen kann deshalb heute nicht mehr wie in früheren Zeiten allein durch eher unabsichtlich erfolgende Sozialisationsprozesse vorbereitet werden. Die heutige hochdifferenzierte und hochspezialisierte Informationsgesellschaft bedarf vielmehr um ihres eigenen Überlebens willen einer Ergänzung der sich funktional vollziehenden Sozialisation durch eine sich immer mehr differenzierende Ausbildung, durch die die Individuen für die Übernahme gesellschaftlicher Funktionen qualifiziert werden. Die für die immer anspruchsvollere Ausbildung benötigten Voraussetzungen können und müssen vor allem durch eine qualifizierte Erziehung geschaffen werden, die ihrerseits pädagogische

Bildung voraussetzt. Wer die gestiegenen Anforderungen an die heutige Erziehung bewältigen will, kann sich nicht mehr auf das im alltäglichen Umgang erworbene Wissen über Erziehung verlassen. Das belegen zahlreiche wissenschaftliche Befunde und vielfältige Erfahrungen in den unterschiedlichsten Gesellschaftsfeldern (Bildung und Ausbildung, Arbeitsleben, Sozialpädagogik, Jugendhilfe und Jugendgerichtsbarkeit, Kinder- und Jugendmedizin), die übereinstimmend verbreitete Erziehungsdefizite und einen großen Bedarf an pädagogischer Hilfe und Orientierung feststellen, einen Bedarf, den die Medien mit oft zweifelhafter Qualität zu stillen versuchen. Der heutige Erzieher benötigt vielmehr ein breites und differenziertes Sachwissen, das den Stand der wissenschaftlichen Diskussion widerspiegelt, und ein hohes Maß an pädagogischer Reflexionsfähigkeit. Beides vermittelt der Pädagogikunterricht.

Die Dringlichkeit der Forderung nach kompetenter Erziehung ergibt sich nicht nur aus deren gesellschaftlicher Relevanz, sondern auch aus dem Anrecht des Individuums: In einer demokratisch verfassten Gesellschaft haben alle Mitglieder dieser Gesellschaft einen Anspruch auf eine möglichst kompetente pädagogische Förderung ihrer Entwicklung und ihrer Bildung. Diese darf nicht von außen, sondern nur durch die Grenzen der Bildsamkeit des jeweiligen Individuums beschränkt werden.

Pädagogische Bildung ist nicht nur für die Aufrechterhaltung der Gesellschaft und die Wahrnehmung des Rechts der Individuen auf Entfaltung ihrer Persönlichkeit unverzichtbar, sondern leistet darüber hinaus einen unverzichtbaren Beitrag zur Allgemeinbildung der Schüler, weil diese im Pädagogikunterricht Kompetenzen gewinnen können, die nicht nur für das Erziehen der nachwachsenden Generation, sondern für alle Formen pädagogischen und viele Formen sozialen Handelns unverzichtbar sind:

- Der Pädagogikunterricht kann wie kein anderes Fach dem Schüler helfen, seine eigene Entwicklung zu reflektieren und aktiv mitzugestalten: Er nötigt die Schüler immer wieder zur Reflexion der Frage, welche Entwicklung es für den Erzieher in den unterschiedlichsten Lebenszusammenhängen zu fördern gilt und wie sich diese Entwicklung unterstützen lässt. Im Rahmen dieser Überlegungen werden die Schüler veranlasst, in einem Rückkoppelungsprozess intensiv auch über ihre eigene Entwicklung und Möglichkeiten der konstruktiven Mitarbeit an dieser Entwicklung nachzudenken.
- Die Reflexion auf die eigene Entwicklung erfolgt im Pädagogikunterricht in einer Phase, die für die Entwicklung der Schüler besonders wichtig ist, weil es in ihr um die Ausbildung ihrer Identität geht. Indem der Pädagogikunterricht den Schüler veranlasst, die durch das Erziehen zu fördernden Kompetenzen zu reflektieren, die für die Ausbildung von Identität nötig sind, kann er dazu beitragen, ihn mehr Klarheit über die Bedeutung dieser Kompetenzen auch für seine eigene Entwicklung gewinnen zu lassen. Zu diesen Kompetenzen zählen neben der in den einzelnen Aufgabenfeldern und Schulfächern auszubildenden Sachkompetenz vor allem Selbstkompetenz und die Fähigkeit, sich in Interaktionen einzubringen (Sozialkompetenz). Durch die Klärung der Bedeutung dieser Kompetenzen, der Prozesse, durch die sie sich ausbilden, und der Möglichkeiten, ihren Erwerb zu fördern, kann der Pädagogikunterricht helfen, Defiziten an humaner Kompetenz vorzubeugen, die zunehmend das Miteinander in unserer Gesellschaft, das familiale Zusammenleben und die Erziehung in den Familien, die qualifizierte Wahrnehmung beruflicher Anforderungen und angesichts zunehmender affektiver und sozialer Probleme in unseren Schulen auch die Vermittlung der erforderlichen Sachkompetenz gefährden.

- Pädagogisches Denken und Handeln verlangt vom Schüler die Fähigkeit und Bereitschaft, sich in die Perspektive des Erziehers hineinzudenken und hineinzufühlen. In dieser Perspektive muss er versuchen, sich in die Lage des pädagogisch zu fördernden Heranwachsenden und dessen Sicht auf die ihm widerfahrende pädagogische Praxis zu versetzen. Durch diesen im Pädagogikunterricht ständig geforderten Perspektivenwechsel und zur Berücksichtigung kognitiver, sozialer und emotionaler Bedingungen und Auswirkungen seines Handelns kann der Schüler lernen, einerseits andere Menschen nicht nur aus seiner eigenen Perspektive, sondern auch aus deren Perspektive zu sehen, andererseits auch sich selbst aus der Perspektive anderer Personen wahrzunehmen. Auf diese Weise kann er ein hohes Maß an pädagogischer Empathiefähigkeit und damit eine Disposition gewinnen, die für konstruktives Interagieren in der Gesellschaft und seine Identitätsentwicklung von besonderer Bedeutung ist.
- Über ein hohes Maß an Empathiefähigkeit hinaus muss der Erzieher in der Lage sein, mit Kindern und Jugendlichen in einer für sie verständlichen und nachvollziehbaren Weise zu kommunizieren. Dies erfordert eine besondere kommunikative Kompetenz vor allem dann, wenn die Kommunikations- und Argumentationsfähigkeit der Heranwachsenden sowohl in inhaltlicher als auch in formaler Hinsicht noch defizitär ist. Diese Kompetenz wird keineswegs nur für den Umgang mit Kindern und Jugendlichen benötigt: Über sie muss jeder verfügen, der durch sein Fachwissen und durch seine Kommunikations- und Argumentationsfähigkeit anderen überlegen ist. Sie ist immer dann erforderlich, wenn es darum geht, anderen Menschen zu helfen, andere Menschen zu beraten. Wer gelernt hat, Heranwachsende in ihrer Entwicklung pädagogisch zu unterstützen, wird auch besser für die Bewältigung solcher pädagogischen Aufgaben in nicht primär pädagogischen Kontexten qualifiziert sein.

• Dies gilt auch für den Umgang mit Konflikten: Die im Pädagogikunterricht zu erwerbenden Kompetenzen können bei der Vermeidung und Lösung nicht-erzieherischer Konflikte in besonderer Weise hilfreich sein. Denn der Erzieher muss bei Konflikten mit Heranwachsenden berücksichtigen, dass diese ihm sowohl sprachlich als auch von den Sachargumenten her unterlegen sein können. Im Pädagogikunterricht kann deshalb über die Fähigkeit zur Bewältigung von Konflikten unter Gleichgestellten hinaus eine Kompetenz erworben werden, wie sie in asymmetrischen Rollenkonstellationen häufig notwendig wird.

• Die genuin pädagogische Frage, wie der Erzieher dem ihm anvertrauten Edukanden helfen kann, den eigenen Lebenssinn zu finden, provoziert die analoge Frage des Schülers nach dem Sinn seines eigenen Lebens. Insofern kann der Pädagogikunterricht dem Schüler helfen, die Orientierung zu gewinnen, die er in einer Gesellschaft benötigt, die den Heranwachsenden mit einer Fülle von - sich zum Teil widersprechenden - Optionen überhäuft und für ihn kaum Orientierungshilfen bereithält.

• Die Deutung des eigenen Lebenssinns und die Entscheidung über Ziele und Prinzipien des Erziehens verlangt vom Schüler die Bereitschaft und die Fähigkeit, sich mit Werten und Normen kritisch auseinanderzusetzen, sich für eigene Wertungsprinzipien zu entscheiden und diese für sein eigenes Handeln verbindlich zu machen. Die normative Offenheit des Pädagogikunterrichts bietet gute Chancen zu einer umfassenden und häufig kontroversen Wertediskussion und kann diesen so für die Schüler zu einer Anlaufstelle bei Orientierungsproblemen werden lassen, die nicht in Verdacht steht, sie auf bestimmte Orientierungen festlegen zu wollen.

• Der Schüler kann sich im Rahmen der Reflexion seiner eigenen *Entwicklung* auch über die *Bildung*, die er selbst durchläuft, größere Klarheit verschaffen und diese als eigene Aufgabe begreifen lernen. Denn Bildung ist nicht möglich ohne die Reflexion des sich Bildenden über den eigenen Bildungsprozess. Der Schüler muss sich über die Bedeutung der Bildung, die er durchläuft, Klarheit verschaffen und diese nicht als ein passiv hinzunehmendes Widerfahrnis, sondern als einen aktiv und verantwortlich von ihm mitzugestaltenden Prozess verstehen. Der Pädagogikunterricht kann den Schülern die entwicklungs-, lern- und sozialpsychologischen Grundlagen von Bildungsprozessen und damit auch der jeweils eigenen Bildungsprozesse verdeutlichen sowie Möglichkeiten aufzeigen, Bildungsprozesse und damit wiederum auch den eigenen Bildungsprozess zu unterstützen. Zugleich fragt er in Wahrnehmung seiner kritischen Funktion nach den hinter den gesellschaftlichen Bildungsangeboten verborgenen Interessen und kann so vor der ideologischen Vereinnahmung der Schüler durch die Bildungsinstitutionen schützen. Schließlich kann er die Zwänge aufdecken, unter denen Bildung erfolgt, deren Berechtigung prüfen und nach Möglichkeiten des Abbaus unberechtigter Zwänge suchen. Er leistet damit einen Beitrag zur Ausbildung kritisch-konstruktiver Kritikfähigkeit, die dem Schüler über den Bildungsbereich hinaus auch in anderen Gesellschaftsfeldern Dienste leisten kann.

- Weil sich pädagogisches Handeln immer vom Interesse der zu fördernden Heranwachsenden leiten lassen muss, kann der Pädagogikunterricht die Bereitschaft und Fähigkeit der Schüler stärken, nicht nur von ihren eigenen Interessen her zu denken und zu handeln, und so als Gegengewicht gegen ein rein technologisches Denken einen Beitrag zur Ausweitung sozialer Verantwortung und moralischen Handelns in unserer Gesellschaft leisten.
- Die Suche nach der besten Möglichkeit verantwortungsbewussten pädagogischen Handelns verlangt die Prüfung unterschiedlicher Handlungsmöglichkeiten und ihrer Begründungen in Rede und Widerrede. Eine solche Prüfung erfordert ein hohes Maß an Reflexionsvermögen und

Diskursfähigkeit: Die Begründungen müssen auf ihre Geltung hin überprüft werden. Dazu müssen sie zunächst in verständlicher, den sprachlichen Fähigkeiten der beteiligten Schülerinnen und Schüler angemessener Weise vorgetragen und begründet werden. Die sich anschließende Prüfung der Argumente im pädagogischen Diskurs kann die Fähigkeit und Bereitschaft entstehen lassen, anzuerkennen, dass kontroverse Standpunkte und die hinter ihnen verborgenen Interessen jeweils gut begründet sein können und ggf. selbst dann respektiert werden müssen, wenn man sie selbst nicht teilt. Diese Bereitschaft bzw. Fähigkeit kann wiederum die Einsicht wachsen lassen, dass eine Bestimmung einer „richtigen" Erziehung objektiv nicht möglich ist und somit akzeptiert werden muss, dass unterschiedliche erzieherische Entscheidungen oder Wege gleichermaßen sinnvoll und berechtigt sein können.

• In Diskursen werden Geltungsansprüche von Werturteilen, Normen und Interessen dadurch überprüft, dass sie auf die ihnen de facto zugrundeliegenden und auf darüber hinaus möglichen Begründungen zurückgeführt werden. Als eine zentrale Legitimationsbasis gilt in unserer historisch-gesellschaftlichen Situation das fundamentale Recht des Menschen auf Entfaltung seiner Persönlichkeit und auf Selbstbestimmung. Deshalb bildet die Frage, wie diesem Recht im politisch-gesellschaftlichen Raum Rechnung getragen werden kann, ein unverzichtbares Thema des Schulunterrichts. Ebenso unverzichtbar ist indessen die Behandlung der Frage, wie die Fähigkeit und Bereitschaft zu einer sozial verantwortbaren Selbstbestimmung ausgebildet und gefördert werden kann. Angesichts der Dringlichkeit dieser Frage bildet der Pädagogikunterricht das unverzichtbare Pendant zum Politikunterricht. Während dieser in die politische Wirklichkeit einführt und dabei vor allem die politisch-gesellschaftlichen Bedingungen von Selbstbestimmung thematisiert, lernen die Schülerinnen und Schüler im Pädagogikunterricht, neben diesen externen Bedingungen von Selbstbestimmung besonders auch die psychische Disposition „Selbstbestimmungsfähigkeit", deren Entwicklung sowie deren Beeinflussbarkeit in den Blick zu nehmen. Der Pädagogikunterricht ergänzt dadurch nicht nur die Reflexion der Schülerinnen und Schüler auf zentrale Voraussetzungen von Selbstbestimmung, sondern legt auch unverzichtbare Grundlagen für die erzieherische Förderung einer Entwicklung, die es Menschen überhaupt erst ermöglicht, als sich selbst bestimmende Subjekte in politischen Handlungsfeldern zu reflektieren und zu agieren. Vernachlässigt man diesen Entwicklungsprozess, bleibt der politische Bildungsauftrag ohne das erforderliche pädagogische Fundament. Insofern liegt die Frage nahe, ob der vielfach sichtbare Mangel an politischer Kultur, der sich in Fremdenfeindlichkeit, Gewaltbereitschaft, Mangel an Toleranz, Eigensucht etc. ausdrückt, nicht nur ein Ergebnis unzureichender politischer Bildung ist, sondern auch eine Folge der Vernachlässigung der entwicklungspsychologisch-pädagogischen Grundlagen politischer Bildung.

- Die Schule versucht als Erziehungsinstitution, Schüler über die verschiedenen Schulfächer in ausgewählten Dispositionsbereichen zu fördern. Auch andere erzieherische Institutionen streben eine *besondere* erzieherische Förderung von Kindern und Jugendlichen an. Häufig bleiben indes die pädagogischen Förderungsprogramme oder Förderungsversuche der erzieherischen Institutionen einseitig, und sie werden nicht mit den Förderungsbemühungen in anderen pädagogischen Institutionen konstruktiv vermittelt. Im Pädagogikunterricht werden dagegen Zu-Erziehende als unteilbare Personen in den Blick genommen, und es wird kritisch nach Möglichkeiten eines konstruktiven Zusammenwirkens unterschiedlicher pädagogischer Institutionen gefragt. Im Hinblick auf die schulischen Lernprozesse kann der Pädagogikunterricht durch seine auf das Individuum, d.h. die „unteilbare Person", ausgerichtete Perspektive auch dazu beitragen, den komplexen Zusammenhang der verschiedenen, von den einzelnen Fächern angesprochenen Dispositionsbereiche (z.B.: der Motorik, der Sprachkompetenz, technisch-naturwissenschaftlicher Kompetenz, musischer Kompetenz, historischen Bewusstseins, politischer Handlungskompetenz, etc.) und deren Bedeutung für die Gesamtentwicklung des Schülers zu klären.

- Der Beitrag des Pädagogikunterrichts zur Bildung beschränkt sich nicht auf die Schüler, die diesen Unterricht besuchen. Denn die durch das Fach angestrebte pädagogische Kompetenz der heutigen Schüler kann sich - wie vermittelt auch immer - positiv auf die Erziehung der nachfolgenden Generation auswirken. Zwar dürfen die Möglichkeiten schulischen Unterrichts in einer immer komplizierter werdenden Gesellschaft nicht überschätzt werden, aber die Förderung einer qualifizierteren Erziehung ist zumindest ein Beitrag, den die Schule über das Fach Pädagogik zur Verbesserung der menschlichen Verhältnisse leisten kann.

Diesem anspruchsvollen Bildungsauftrag kann der Pädagogikunterricht nur gerecht zu werden versuchen, indem er die Schüler motiviert und befähigt, sich die im schulischen Handlungsfeld erwerbbaren Anteile pädagogischer Kompetenz tatsächlich anzueignen und ihre Verfügbarkeit in den Bereichen, in denen dies möglich ist, in empirisch überprüfbarer Weise nachzuweisen.

Dies heißt indessen nicht, dass die Bildungsziele auf das Mess- und Überprüfbare beschränkt werden dürften. Vielmehr bildet das Erreichen der Standards nur die notwendige, aber nicht hinreichende Bedingung für wirkliche Bildungsprozesse, die immer mehr verlangen als Wissen und Können, nämlich eine von einer Haltung der Verantwortung getragene persönliche Stellungnahme des Schülers zu dem von ihm Gewussten und Gekonnten. Eine solche Haltung kann in institutionalisierten Lernprozessen immer nur angebahnt werden. Erst im Handeln des Schülers in der außerschulischen Lebensrealität kann sie sich wirklich ausbilden und bewähren. Deshalb müssen sich Lehrerinnen und Lehrer immer der Grenzen bewusst sein, die dem schulischen Lernen durch seine Institutionalisierung und durch die Unverfügbarkeit der Person des Schülers gesetzt sind.

Dennoch muss es vornehmstes Ziel des Pädagogikunterrichts bleiben, dem Schüler den Aufbau einer solchen Haltung zu ermöglichen. Die Hoffnung, dass sich im Kontext von Gesprächen und Diskussionen über pädagogische Themen in „fruchtbaren Momenten“ (Copei) wirkliche Bildungsprozesse ereignen, darf kein Pädagogiklehrer aufgeben, auch wenn er weiß, dass er sie nicht erzwingen kann. Denn was soll der Erwerb kommunikativer Kompetenzen, wenn diese vom Schüler nicht zu humanen Zwecken genutzt werden? Was sollen Kenntnisse über die möglichen Auswirkungen negativer Etikettierungen, wenn der Schüler sich nicht dazu entschließt, auf solche zu verzichten?

Umgekehrt muss der Pädagogiklehrer sehr viel Wert darauf legen, dass seine Schülerinnen und Schüler über ein solides fachliches Fundament verfügen, das erst die Chance dafür schafft, dass sich bei dem einen oder anderen Schüler die angestrebten Bildungsprozesse vollziehen. Insofern besteht zwischen den Forderungen nach möglichst objektiv überprüfbaren Kompetenzen und nach dem Festhalten des Unterrichts am Bildungsauftrag nicht der oft behauptete Gegensatz, sondern ein Fundierungsverhältnis: Ohne anhand von Standards überprüfbare Kompetenzen bleiben die Bildungserwartungen „Erlösungsphantasien“ (Klieme), so wie umgekehrt der Verzicht auf die in diesem Kapitel genannten Bildungsziele zugunsten überprüfbarer Lernresultate die Vermittlung solcher Kompetenzen zur funktionalen Technologie verkümmern lässt.

Die im folgenden abgedruckten Kompetenzen und Standards haben demnach den Sinn, Schülern und Lehrern dabei zu helfen, das für die zuvor skizzierte pädagogische Bildung benötigte Fundament zu legen und zu sichern.

4. Kompetenzen für das Unterrichtsfach Pädagogik (S II)

A. Kompetenzbereich „Fachwissen“: Grundwissen über Erziehung (Fakten-, Modell-, Theoriekenntnisse) darstellen, erläutern, beurteilen, einordnen und anwenden

A.1 Anforderungsbereich: pädagogisches Wissen eines abgegrenzten Gebietes wiedergeben und in einem vertrauten Kontext nutzen

Kompetenzen:

A.1.1 pädagogisches Fachwissen eines abgegrenzten Gebiets (Fakten, Theorien, Modelle, Programme) sachgerecht wiedergeben

A.1.2 die Differenz zwischen Alltagswissen und wissenschaftlichem Wissen benennen

A.1.3 auf pädagogisches Wissen bei der Bearbeitung vertrauter Aufgaben zurückgreifen

A.2 Anforderungsbereich: pädagogisches Wissen selbständig ordnen und auf vergleichbare Kontexte übertragen

Kompetenzen:

A.2.1 pädagogisches Wissen Wissensbereichen zuordnen

A.2.2 pädagogisches Wissen unterschiedlicher Provenienz sachgerecht unter pädagogischer Perspektive zueinander in Beziehung setzen und vergleichen

A.2.3 pädagogisches Wissen zur sachgerechten Beschreibung und Analyse vergleichbarer Beispiele pädagogischer Praxis und ihrer Bedingungen heranziehen

A.3 Anforderungsbereich: pädagogisches Wissen selbständig beurteilen und in komplexeren Kontexten neu verknüpfen

Kompetenzen:

A.3.1 die wichtigsten Paradigmen der Erziehungswissenschaft erläutern und pädagogisches Wissen auf seine Zugehörigkeit zu einem Paradigma hin beurteilen

A.3.2 erziehungswissenschaftliche Aussagen unterschiedlicher Theorieebenen unter den Gesichtspunkten ihrer Differenz und ihres Zusammenhangs erörtern

A.3.3 pädagogisches Wissen kritisch im Hinblick auf seine innere und äußere Validität, seine Prämissen, seine Genese, seinen Erklärungswert und seine Relevanz für pädagogisches Reflektieren und Handeln beurteilen

A.3.4 pädagogische Praxis unter Nutzung pädagogischen Wissens unterschiedlicher Provenienz beurteilen und bewerten

A.3.5 erziehungswissenschaftliches Wissen in seiner Bedeutung für die Reflexion pädagogischer Praxis erörtern

A.3.6 unterschiedliches pädagogisches Wissen in neuen Kontexten selbständig, sachgerecht und flexibel heranziehen und es sinnvoll miteinander verknüpfen

B. Kompetenzbereich „Methodenbeherrschung“: Verfahren pädagogischer Informationsgewinnung und –verarbeitung darstellen, erläutern, beurteilen, einordnen und anwenden

B.1 Anforderungsbereich: Verfahren pädagogischer Informationsgewinnung und –verarbeitung darlegen

Kompetenzen:

B.1.1 einfache Arbeitsformen zur Sicherung von Informationen (z.B. Anfertigung von Protokollen; Zusammenfassung von Texten) in ihren wichtigsten Anforderungen kennzeichnen und sachgerecht praktizieren

B.1.2 die wichtigsten Verfahren der erziehungswissenschaftlichen Erkenntnisgewinnung (z. B. hermeneutische Deutung, empirische Analyse, Ideologiekritik) benennen und in ihren Hauptmerkmalen kennzeichnen

B.1.3 die Differenz zwischen alltäglichen und wissenschaftlichen Verfahren der Erkenntnisgewinnung darlegen

B.2 Anforderungsbereich: Methoden pädagogischer Erkenntnisgewinnung rekonstruieren, vergleichen und auf einfache Aufgaben anwenden

Kompetenzen:

B.2.1 die Genese pädagogischen Wissens (z.B. einer Statistik) rekonstruieren und erläutern

B.2.2 Methoden zur Gewinnung pädagogischen Wissens vergleichen

B.2.3 das Zusammenspiel unterschiedlicher Verfahren bei der Gewinnung pädagogischen Wissens erläutern

B.2.4 eingeübte Methoden der Erkenntnisgewinnung auf relativ vertraute Aufgabenstellungen (z. B. Interpretation von Texten und Graphen; Auswertung von Statistiken; Auswertung eines Soziogramms) anwenden

B.3 Anforderungsbereich: Methoden beurteilen, problemorientiert auswählen und selbständig anwenden

Kompetenzen:

B.3.1 die wichtigsten Verfahren erziehungswissenschaftlicher Erkenntnisgewinnung auf ihre Leistungen und Grenzen bei der Aufklärung pädagogischer Praxis und ihrer Bedingungen hin beurteilen

B.3.2 die Verallgemeinerbarkeit gewonnenen pädagogischen Wissens prüfen

B.3.3 sich selbständig und begründet für eine Methode zur Überprüfung einer Hypothese entscheiden

B.3.4 selbständig einen pädagogischen Problemfall erörtern und sich begründet für eine Lösungsvariante entscheiden

B.3.5 selbständig kleinere Projekte pädagogischer Erkenntnisgewinnung (z.B. kategoriengeleitete Beobachtung, begrenzte Befragung; kleineres Experiment; Fallstudie) planen, durchführen, auswerten und metareflektieren

C. Kompetenzbereich „Kommunikation“: pädagogische Konstruktionen verstehen, wiedergeben, erläutern, diskutieren

C.1 Anforderungsbereich: vorgegebene Informationen verstehen und korrekt wiedergeben

Kompetenzen:

C.1.1 Unterschiede zwischen alltagssprachlicher und fachsprachlicher Beschreibung pädagogischer Praxis und ihrer Bedingungen herausstellen

C.1.2 unterschiedliche Formen der Darstellung pädagogischen Wissens benennen und in ihren Hauptmerkmalen kennzeichnen

C.1.3 zentrale erziehungswissenschaftliche Begriffe korrekt kennzeichnen und in vertrauten Kontexten sachgerecht verwenden

C.1.4 die zentralen Aussagen vorgegebener Dokumente herausstellen und diese in sachgerechter Sprache wiedergeben

C.1.5 allgemeine und spezifische Anforderungen an die pädagogische Kommunikation darlegen

C.1.6 die besonderen Schwierigkeiten herausstellen, vor die sich die pädagogische Kommunikation gestellt sieht

C.2 Anforderungsbereich: pädagogische Aussagen sach- und adressatengerecht präsentieren

Kompetenzen:

C.2.1 erziehungswissenschaftliche Begriffe in neuen Kontexten korrekt verwenden

C.2.2 erziehungswissenschaftliche Aussagen adressatengerecht in Umgangssprache übersetzen

C.2.3 umgangssprachliche Aussagen durch Verwendung fachsprachlicher Begriffe präzisieren

C.2.4 unterschiedliche Formen der Darstellung (z.B. Schematisierungen, Tabellen, Graphen) und der Präsentation pädagogischer Erkenntnisse (z.B. Tafel, Folie, Powerpoint-Präsentation) anwenden
C.2.5 die Wiedergabe von Informationen von einer Darstellungsform in eine andere überführen
C.2.6 Analysen pädagogischer Praxis, ihrer Probleme und ihrer Bedingungen sach- und adressatengerecht darlegen und erläutern
C.2.7 eigene Auffassungen und Arbeitsergebnisse (z.B. Beurteilungen und Bewertungen) in sach-, situations- und adressatengerechter Form erläutern
C.2.8 Beispiele pädagogischer Kommunikation analysieren, einordnen und vergleichen
C.2.9 die zentralen Prinzipien pädagogischer Kommunikation in einfachen Kontexten (z.B. in Rollenspielen) beachten

C.3 Anforderungsbereich: vorgegebene Dokumente unter Darstellungsgesichtspunkten beurteilen und eigene pädagogische Positionen sach- und adressatengerecht vertreten

Kompetenzen:
C.3.1 vorgegebene Dokumente (z. B. Texte, Tabellen, Graphen) auf die Qualität ihrer Darstellung hin beurteilen
C.3.2 vorgegebene Beispiele pädagogischer Interaktion selbständig analysieren und beurteilen
C.3.3 eigene pädagogische Problemsichten und Problemlösungsvorschläge darstellen, erläutern und argumentativ in Diskussionen vertreten
C.3.4 sich zugleich kritisch und konstruktiv in Diskussionen und Diskursen einbringen
C.3.5 Werturteile und Normen sowie die Tragfähigkeit ihrer Begründungen adressatengerecht diskutieren

C.3.6 Kommunikationsprozesse mit der dafür erforderlichen Empathie gestalten

C.3.7 Kommunikationsprozesse in schulischen und außerschulischen *Realsituationen* so gestalten, dass zentrale Prinzipien *pädagogischer* Kommunikation beachtet werden

C.3.8 die Metareflexion der eigenen pädagogischen Reflexion kommunizieren

D. Kompetenzbereich „Pädagogisches Reflektieren und Handeln“: pädagogische Praxis analysieren, beurteilen, bewerten, planen und gestalten

D.1 Anforderungsbereich: Beispiele pädagogischer Reflexion und pädagogischer Praxis sachgerecht wiedergeben

Kompetenzen:

D.1.1 die Spezifik der pädagogischen Reflexion herausstellen

D.1.2 die Struktur der pädagogischen Reflexion (Dimensionen, Operationen, Kriterien) darlegen

D.1.3 die für pädagogisches Denken und Handeln zentralen Prinzipien benennen

D.1.4 Beispiele pädagogischer Praxis sachgerecht darstellen

D.1.5 Beispiele pädagogischer Reflexion sachgerecht wiedergeben

D.1.6 den Theorie-Praxis-Zusammenhang pädagogischer Reflexion darlegen

D.2 Anforderungsbereich: Wirklichkeit aus pädagogischer Sicht reflektieren

Kompetenzen:

D.2.1 pädagogisches Wissen (Fakten, Theorien, Modelle) der Struktur pädagogischer Reflexion zuordnen

D.2.2 pädagogisches Wissen (Fakten, Theorien, Modelle) auf vergleichbare Kontexte transferieren

D.2.3 die für das pädagogische Denken und Handeln konstitutiven Operationen (Wahrnehmen, Analysieren, Beurteilen, Bewerten, Planen, Entscheiden) auf einfache Fallbeispiele anwenden

D.2.4 soziale Situationen theoriegeleitet auf pädagogische Probleme und pädagogischen Handlungsbedarf hin analysieren

D.3 Anforderungsbereich: komplexe gesellschaftliche Wirklichkeit selbständig und multiperspektivisch aus pädagogischer Sicht reflektieren; begrenzte Versuche eigener pädagogischer Praxis planen, durchführen und auswerten

<u>Kompetenzen:</u>

D.3.1 pädagogische Konzepte, pädagogische Probleme und pädagogische Praxis selbständig differenziert und multiperspektivisch analysieren, beurteilen und bewerten

D.3.2 vorgegebene (auch historische) Beispiele pädagogischer Reflexion analysieren, beurteilen, bewerten und auf Konsequenzen für das eigene pädagogische Selbstverständnis hin durchdenken

D.3.3 begründete Alternativen zu vorgegebenen pädagogischen Konzepten und pädagogischen Problemlösungsversuchen entwickeln

D.3.4 selbständig begründete Vorschläge für pädagogisches Handeln angesichts pädagogischer Probleme entwickeln

D.3.5 komplexe gesellschaftliche Probleme multiperspektivisch aus der Sicht des Erziehers, des Edukanden und aus erziehungs- und bildungspolitischer Sicht erörtern

D.3.6 Erziehung im eigenen Umfeld (z.B. in der Familie, in der Schule) beurteilen und Konsequenzen für die Mitarbeit an der eigenen Entwicklung durchdenken

D.3.7 eigene pädagogische Praxis (z.B. in einem Kindergarten, in der Betreuung jüngerer Schüler)planen, realisieren und – auch im gesellschaftlichen Kontext – kritisch-konstruktiv erörtern

D.3.8 die eigene pädagogische Reflexion selbstkritisch metareflektieren

D.3.9 das eigene pädagogische Selbstverständnis sowie dessen normative Prämissen kritisch-konstruktiv metareflektieren

5. Kompetenzfundierende Kenntnisse im Fach Pädagogik

(gewonnen aus den Strukturmerkmalen pädagogischen Denkens)

Im Folgenden werden für die vier Kompetenzbereiche Inhaltsbereiche formuliert, in denen von den Schülerinnen und Schülern bis zum Abitur Kenntnisse zu erwerben sind. Es wird erwartet, dass die Schülerinnen und Schüler über die im folgenden aufgelisteten Kenntnisse verfügen, sie erläutern und sie flexibel in den Kompetenzbereichen A – D nutzen können.

a.1 der Edukand als Adressat des pädagogischen Handelns

a.1.1 Erziehungsbedürftigkeit und Erziehbarkeit des Edukanden

a.1.2 Aufgabe jedes Erziehers, den Edukanden als Subjekt seiner Entwicklung und Bildung ernst zu nehmen

a.2 pädagogisches Selbstverständnis des Erziehenden

a.2.1 Aufgaben und Verantwortung des Erziehenden in verschiedenen pädagogischen Handlungsfeldern

a.2.2 Sinn-Norm des Erziehens (Mündigkeit, Autonomie, Selbstbestimmung)

a.2.3 zentrale pädagogische Prinzipien, die das Erzieherhandeln leiten sollten

a.2.4 Grenzen des Erziehungsauftrags und der pädagogischen Einflussnahme

a.3 Intentionalität des pädagogischen Handelns

a.3.1 Begriff „Erziehungsziel“

a.3.2 Kriterien der Entscheidung über Erziehungsziele

a.3.3 Normativität der Entscheidung über Erziehungsziele

a.3.4 Verhältnis von Zielen des Erziehers und Zielen des Edukanden

a.3.5 ausgewählte pädagogische Zielkonzeptionen und ihre Begründungen

a.4 pädagogische Aktionsformen

a.4.1 Grundstile des Erziehens und ihre möglichen Auswirkungen

a.4.2 Dimensionen des Erzieherverhaltens

a.4.3 wichtige Formen der pädagogischen Kommunikation und Interaktion

a.4.4 bedeutende Fehlformen des Erzieherverhaltens

a.5 gesellschaftliche Einbettung des pädagogischen Handelns

a.5.1 unterschiedliche (auch miteinander inkompatible) Sozialisationstheorien und ihre Bedeutung für die pädagogische Förderung der Entwicklung

a.5.2 Interdependenz von Gesellschaft und Erziehung (Einflüsse der Gesellschaft auf die Erziehung und der Erziehung auf die Gesellschaft, Implikationszusammenhang gesellschaftlicher Praxen)

a.5.3 pädagogische Bedeutung der Zugehörigkeit von Erzieher und Edukand zu Gruppen, zu Institutionen, zu einer Gesellschaft

a.5.4 Bindung von Erzieher und Edukand an Rollen und Normen

a.5.5 pädagogische Bedeutung ausgewählter Sozialisationsinstanzen bzw. –faktoren (Familie, Kindergarten, Schule, Gleichaltrigengruppe, Medien)

a.5.6 Möglichkeiten der Beeinträchtigung der Entwicklung eines Edukanden durch gesellschaftliche Strukturen

a.5.7 Bedeutung pädagogischen Handelns als Prävention gegen und Reaktion auf negative Sozialisationsprozesse
a.5.8 Bedeutung der Erziehung für die Fortentwicklung einer demokratischen Gesellschaft
a.5.9 Verhältnis der Erziehungspraxis zu anderen gesellschaftlichen Praxen

a.6 Professionalisierung pädagogischen Handelns
a.6.1 Institutionalisierung von Erziehung
a.6.2 pädagogische Berufe
a.6.3 Aufgaben, Bedingungen, Probleme unterschiedlicher Berufsfelder

a.7 entwicklungspsychologische Grundlagen pädagogischen Handelns
a.7.1 unterschiedliche (auch miteinander inkompatible) Theorien und Modelle menschlicher Entwicklung
a.7.2 Bedeutung von Anlage und Umwelt für die Entwicklung
a.7.3 Phasen der Entwicklung und ihrer Abfolge
a.7.4 ausgewählte Dimensionen der Entwicklung
a.7.5 Probleme der Persönlichkeitsentwicklung im Spannungsfeld von Sozialisation und Individuation
a.7.6 Möglichkeiten und Grenzen der Förderung von Entwicklungsprozessen

a.8 lernpsychologische Grundlagen pädagogischen Handelns
a.8.1 unterschiedliche (auch miteinander inkompatible) Lerntheorien und ihre Bedeutung für die pädagogische Lernförderung
a.8.2 Bedeutung des Lernens für die Entwicklung
a.8.3 unterschiedliche Lernarten
a.8.4 unterschiedliche Lerntypen
a.8.5 Lernstrategien und Lerntechniken

a.8.6 Bedeutung der Motivation für das Lernen
a.8.7 Möglichkeiten der Förderung von Lernprozessen
a.8.8 Möglichkeiten zur Überprüfung von Lernprozessen
a.8.9 Möglichkeiten, das selbstregulierte Lernen zu fördern

b. inhaltliche Kenntnisse für den Kompetenzbereich „Methodenbeherrschung“

b.1 Grundlagen der Erkenntnisgewinnung in der Pädagogik
b.1.1 Perspektivität pädagogischer Erkenntnisgewinnung
b.1.2 Verkürzung des Erkenntnisprozesses durch die pädagogische Perspektivität
b.1.3 Zusammenhang von Erkenntnis und Interesse

b.2 grundlegende Verfahren der Erkenntnisgewinnung in der Pädagogik
b.2.1 Merkmale, Kriterien, Formen, Probleme und Grenzen hermeneutischen Erkennens in der Pädagogik
b.2.2 Merkmale, Kriterien, Formen, Probleme und Grenzen quantitativer und qualitativer Verfahren empirisch-analytischer Erkenntnisgewinnung in der Pädagogik
b.2.3 spezifische Funktionen der erziehungswissenschaftlicher Methoden für die Aufklärung pädagogischer Praxis und ihrer Bedingungen
b.2.4 Unverzichtbarkeit des Zusammenspiels von hermeneutischer und empirisch-analytischer Methode bei der Gewinnung pädagogischer Einsichten

b.3 alltägliche und wissenschaftliche Erkenntnisgewinnung in der Pädagogik
b.3.1 Grundformen pädagogischer Erkenntnisgewinnung im Alltag
b.3.2 grundlegende Verfahren der Erkenntnisgewinnung in der Pädagogik (s. B.2)
b.3.3 Differenz zwischen alltäglicher und wissenschaftlicher Erkenntnisgewinnung in der Pädagogik

b.3.4 Übergänge von alltäglicher zu wissenschaftlicher Erkenntnisgewinnung und umgekehrt

c. inhaltliche Kenntnisse für den Kompetenzbereich „Kommunikation"

c.1 zentrale Begriffe der Erziehungswissenschaft

c.1.1 für jede wissenschaftliche Grundbildung zentrale Basisbegriffe (z.B. „Konstrukt", „Hypothese", „Falsifizierung", „Theorem", „Theorie", „Modell", „Fall", „Typus", „Kausalität", „Konditionalität", „Objektivität", „Reliabilität", „Validität")

c.1.2 unterschiedliche Bedeutungen des für das pädagogische Denken konstitutiven Begriffs „Erziehung"

c.1.3 pädagogische Zielbegriffe „Identität", „Bildung", „Mündigkeit", „Autonomie", „Selbstbestimmung", „Mitbestimmung", „Solidarität", „Emanzipation"

c.1.4 für die einzelnen Inhaltsbereiche zentrale Fachbegriffe (s. A)

c.1.5 Bezeichnungen für die wichtigsten Teildisziplinen der Erziehungswissenschaft

c.2 Darstellung pädagogischer Praxis und pädagogischen Wissens

c.2.1 unterschiedliche Formen der Darstellung pädagogischen Wissens (z.B. Texte, Bilder, Karikaturen, Videos, Tabellen, Graphiken)

c.2.2 Unterschiede zwischen alltagssprachlicher und fachsprachlicher Beschreibung pädagogischer Praxis und ihrer Bedingungen

c.2.3 perspektivische Verkürzung jeder Darstellung pädagogischer Praxis und ihrer Bedingungen

c.2.4 Normativität von Darstellungen pädagogischer Praxis und ihrer Bedingungen c.3 allgemeine und spezifische Merkmale pädagogischer Kommunikation

c.3.1 Funktionen pädagogischer Kommunikation (z.B. beraten, verstärken, kritisieren, ermutigen)

c.3.2 spezifische Bedingungen pädagogischer Kommunikation (z.B. Asymmetrie des Wissens und der Fähigkeiten, unterschiedliche Lebenserfahrungen)

c.3.3 Prinzipien pädagogischer Kommunikation (z.B. Bemühung um ein Höchstmaß an Empathie, Verantwortungsgefühl gegenüber dem Heranwachsenden)

d. inhaltliche Kenntnisse für den Kompetenzbereich „Pädagogisches Reflektieren und Handeln“

d.1 Paradigmen pädagogischer Theoriebildung
d.1.1 historisch-hermeneutisches Paradigma
d.1.2 ideologiekritisches Paradigma
d.1.3 systemtheoretisches Paradigma
d.1.4 kritisch-rationales Paradigma
d.1.5 Verkürzung der pädagogischen Reflexion durch jedes Paradigma
d.1.6 Notwendigkeit des Zusammenspiels der unterschiedlichen Paradigmen

d.2 Theorie-Praxis-Zusammenhang in der Erziehungswissenschaft
d.2.1 Praxisbezug pädagogischer Reflexion
d.2.2 Bezug pädagogischer Reflexion auf Wissenschaft
d.2.3 Ebenen erziehungswissenschaftlicher Theoriebildung
d.2.4 Theorieebenen des Praktikers (Ebene der latenten Theorie, Ebene der bewussten Alltagstheorie, Ebene der sich der Verknüpfung vorwissenschaftlicher und wissenschaftlicher Theorieelemente bewussten Theorie, Ebene der sich der Theorie-Praxis-Differenz bewussten Theorie)
d.2.5 Notwendigkeit, pädagogische Praxis als Kunst und nicht als Technik zu verstehen

d.3 Verhältnis von Alltagswissen und wissenschaftlichem Wissen
d.3.1 unterschiedliche Wissensformen
d.3.2 unterschiedliche Quellen des Wissens
d.3.3 unterschiedliche Formen der Wissensgenese
d.3.4 Möglichkeiten der Implementation wissenschaftlichen Wissens in das Alltagswissen

d.4 Struktur pädagogischer Reflexion

d.4.1 Spezifik der pädagogischen Perspektive auf soziale Situationen

d.4.2 Dimensionen (Ziel-, Bedingungs-, Handlungs-, Wirkungsdimension) pädagogischer Reflexion

d.4.3 die pädagogische Reflexion konstituierende Operationen (Wahrnehmen, Analysieren, Beurteilen, Bewerten, Planen, Evaluieren)

d.4.4 Kriterien (technologisch, axiologisch, emotional) pädagogischer Reflexion

d.4.5 Rollenbezug (Erzieher, Edukand, erziehungs- und bildungspolitisch Mitverantwortlicher) der paideutischen Reflexion

6. Obligatorische Standards für den allgemeinbildenden Pädagogikunterricht: Chancen und Risiken

Mit der Beschreibung von Kompetenzen, Anforderungsbereichen und Leistungsstandards werden unterrichtliche Anforderungen relativ konkret mit einem hohen Grad an Verbindlichkeit formuliert. Dies hat notwendigerweise Konsequenzen für die Planung, Gestaltung und Evaluierung von Unterricht:

(a) Die Erwartungen an die Ergebnisse des Pädagogikunterrichts werden mit der Formulierung von Standards sowohl für die Lehrenden als auch für die Lernenden transparenter: Es wird mehr Klarheit geschaffen über die im Unterricht zu erwerbenden Kompetenzen und damit über die von beiden Seiten zu erbringenden Leistungen. Den Lehrern wird eine realistischere Einschätzung ihrer Leistungen und der Leistungen ihrer Schüler ermöglicht (Klieme et al. 2003). Individuelle Lernfortschritte und Lernprobleme werden besser erkennbar, individuelle Lernwege und Förderungsmaßnahmen besser planbar. In einem gewissen Maße kann durch Standards auch die Leistungsbeurteilung gerechter werden: Die Schülerinnen und Schüler können hoffen, dass qualitativ vergleichbare Leistungen an verschiedenen Schulen und von verschiedenen Lehrern an einer Schule weniger unterschiedlich beurteilt und benotet werden als bisher.

(b) Durch die Vorgabe formaler Kompetenzen wird die Freiheit bei der Festlegung von Unterrichtszielen deutlich eingeschränkt. Eine weitere Einschränkung erfolgt im Hinblick auf die Inhalte des Unterrichts. Denn indem zusammen mit der Formulierung von Standards zentrale

Prüfungen eingeführt werden, können sich die Standards nicht nur auf die Festlegung formaler Kompetenzen beschränken, sondern müssen darüber hinaus inhaltliche Festlegungen für den Unterricht treffen.
Die Festlegung der unterrichtlichen Inhalte begrenzt einerseits die Möglichkeiten von Schülerinnen und Schülern wie auch Lehrerinnen und Lehrern, z.B. aufgrund situativer Gegebenheiten bestimmte Themen zu behandeln oder besonderen Interessen Einzelner Rechnung zu tragen. Umgekehrt wird so verhindert, dass Themen eher willkürlich und einseitig gewählt werden und zentrale Themenfelder des Faches keine Berücksichtigung finden.

(c) Obligatorische Standards für den Pädagogikunterricht begründen einerseits das Recht von Schülerinnen und Schülern, einen Unterricht einzufordern, der ihnen die Qualifizierung erlaubt, die durch die Standards eingefordert wird. Andererseits ersparen sie es den Lehrenden, sich fortwährend aktuellen bildungspolitischen Forderungen und vom Unterrichtsauftrag her nicht zu rechtfertigenden Erwartungen von Schülern und Eltern anpassen zu müssen. Insofern bilden die Standards eine Grundlage für die Verständigung von Lehrenden und Lernenden über die Ziele des Unterrichts und die von ihnen geforderten Beiträge zum Erreichen der Ziele. Und anhand der Aufgaben können beide Seiten überprüfen, wie weit sie auf dem Weg zu den Zielen bereits Fortschritte erzielt haben und welche Defizite noch zu beheben sind.
(d) Die Vorgabe inhaltlicher Standards sieht sich vor das Problem gestellt, eine legitimierbare Auswahl von Inhalten zu treffen (vgl. Dubs 2005). Diese wird durch eine strukturanalytische Explikation pädagogischen Denkens und

Handelns möglich.[1] Nur so kann ein inhaltliches Kerncurriculum legitimiert und damit sichergestellt werden, dass kein für die pädagogische Reflexion und die pädagogische Praxis konstitutives Strukturmoment im Unterricht unberücksichtigt bleibt. Diese inhaltliche Basis muss dann auch die Grundlage für zentrale Abiturprüfungen bilden. Es wäre höchst bedenklich, vorab bestimmte (von Jahr zu Jahr wechselnde) Inhaltsbereiche aus dem Kerncurriculum durch die Ministerien vorzugeben und so die Gefahr zu provozieren, dass diese Bereiche (im Interesse eines erfolgreichen Bestehens der Prüfung) in einem ungerechtfertigten Maße zu Lasten anderer Bereiche den Unterricht bestimmen.

(e) Mit Nachdruck muss darauf hingewiesen werden, dass ein Vorschlag für die Formulierung von Bildungsstandards formaler und inhaltlicher Art keinen didaktischen Rückfall in eine Trennung von „formaler" und „materialer" Bildung zur Folge haben darf. Der Anspruch der „Kategorialen Bildung" (Klafki) ist und bleibt didaktisch unverzichtbar. Der Unterricht muss sich deshalb darum bemühen, den Erwerb der geforderten Kompetenzen an Inhalten zu ermöglichen, die für das pädagogische Denken und Handeln konstitutiv sind. Nur so können die Lernenden erfahren, dass für die Bewältigung pädagogischer Fragen und Probleme formale Kompetenzen hilfreich und vielfach unverzichtbar sind. Und nur so erhalten sie Gelegenheit zu Reflexionen darüber, dass in konkreten inhaltlichen Kontexten bestimmte formale Qualifikationen in sinnvoller, aber auch in durchaus fragwürdiger Weise genutzt werden können. Und im Hinblick auf künftige zentrale Prüfungen

[1] Vgl. dazu Kerncurriculum Erziehungswissenschaft. Vorschläge für ein Basiscurriculum Pädagogik-Bakkalaureus und ein Curriculum Lehramtsmaster, erarbeitet von der Kommission für Lehrerbildung der Gesellschaft für Fachdidaktik Pädagogik (GFDP), 2001, S.6 f.

ist festzustellen, dass die Schülerinnen und Schüler die dort gestellten Anforderungen nur dann erfolgreich werden bewältigen können, wenn sie in unterschiedlichsten Kontexten gelernt haben, fachliches Wissen und formale Kompetenzen in sinnvoller Weise aufeinander zu beziehen. Schließlich gilt es zu berücksichtigen, dass Schülerinnen und Schüler motivational dauerhaft nur dann angesprochen werden können, wenn es gelingt, sie nicht nur methodisch, sondern auch thematisch für konkrete unterrichtliche Aufgaben und Anforderungen zu gewinnen.

(f) Die verbindlichen Vorgaben müssen und dürfen keineswegs zu einem Unterricht führen, in welchem nach einem starren Muster oder Schema gelehrt und gelernt wird. Vielmehr belassen die Standards den Lehrenden weitreichende pädagogische und didaktische Freiheiten für die konkrete Gestaltung des Unterrichts. Denn die Standards betreffen nur Festlegungen hinsichtlich der Ergebnisse des Unterrichts, es wird aber darauf verzichtet, die konkreten Wege für eine entsprechende Qualifizierung der Schülerinnen und Schüler vorzugeben. Jede Schule, jede Lehrer- und jede Fachkonferenz und nicht zuletzt jede Lehrerin und jeder Lehrer können und müssen zusammen mit ihren Schülerinnen und Schülern herausfinden und bestimmen, auf welchen Wegen sie die gestellten Anforderungen erfüllen wollen. Auf diese Weise kann den besonderen Voraussetzungen und Bedingungen der konkreten Unterrichtssituation gezielt Rechnung getragen werden. Um dies leisten zu können, sind die Lehrkräfte allerdings auf wissenschaftlich fundierte Einsichten über den Aufbau und die Entwicklung von Kompetenzen (von einfachen Fähigkeiten über komplexere Qualifikationen hin zu hochkomplexen, anspruchsvollen Kompetenzen; vgl. Tenorth 2004 a) angewiesen. Da es für Kompetenzen unterschiedliche Niveau- oder Qualitätsstufen gibt, wäre es wichtig, solche Stufen auszuweisen und zu definieren, damit sich Lehrende und Lernende der graduellen Differenzen zwischen den Stufen bewusst werden können. Ergänzend müssten Förderungsmodelle mit didaktischen Hilfen aufgezeigt werden, durch die sich Schülerinnen und Schüler gezielt für die Auseinandersetzung mit pädagogischen Themen auf höheren Niveaustufen qualifizieren können.

(g) Bei der Ausrichtung ihres Unterrichts auf überprüfbare Standards bedürfen
Lehrerinnen und Lehrer auch deshalb Unterstützung, weil nicht erwartet werden kann, dass sie zusätzlich zu ihrer jetzigen Beanspruchung auch noch Zeit und Kraft finden, geeignete Unterrichtsmaterialien, Förderprogramme und Testaufgaben in der nötigen Zahl und mit der erforderlichen Sorgfalt zu entwickeln (vgl. Herrmann 2003, 635). Solange diese nicht in ausreichendem Maße entwickelt und erprobt worden sind, unterliegt der gegenwärtige Versuch einer rapiden Durchsetzung von Standards in allen Schulen und Schulformen seitens der Bildungspolitik nicht unerheblichen Risiken. Die Risiken steigen, wenn die Lehrer nicht rechtzeitig und in nicht ausreichendem Maße über die Ziele und Verfahren der Standardisierung, die auf sie neu zukommenden Aufgaben und Möglichkeiten ihrer Bewältigung informiert werden. Ohne eine frühe Einbeziehung und Vorbereitung der Lehrkräfte droht der Versuch einer Implementation standardorientierten Unterrichts „von oben“ ebenso zu scheitern wie frühere Reformbewegungen (Operationalisierung, Dimensionierung, Taxonomisierung von Lernzielen, Curriculumreform): Unterrichtsziele würden diesmal kompetenzorientiert umformuliert, aber im Unterricht selbst würde sich nicht viel ändern (vgl. Dubs 2005, 15).

(h) Die tatsächliche Überprüfbarkeit schulischen Lernens über standardisierte Leistungsvergleiche bleibt begrenzt. Einerseits lässt sich über solche Leistungsvergleiche kontrollieren, ob bestimmte vorgegebene Kompetenzen oder

Fähigkeiten tatsächlich erworben wurden, hingegen lässt sich beispielsweise über entsprechende Tests nicht ermitteln, welche Einstellung die Lernenden zum jeweils Gelernten faktisch ausgebildet haben. Insofern lassen sich über objektivierte Formen von Leistungsmessung im wesentlichen nur „kognitive Standards“ erfassen. Tatsächlich zielt Unterricht aber niemals nur auf die Vermittlung von kognitiven Qualifikationen ab. Die Frage aber, in welchem Maße emotionale, motivationale, soziale oder auch volitionale Unterrichtsziele operational definierbar und überprüfbar sind, bedürfte sorgfältiger Forschungen. Dass sich solche Ziele zentral, und das heißt: durch schriftlich zu bearbeitende Aufgaben, überprüfen lassen, darf jedoch bereits vorab als ausgeschlossen gelten.

(i) Durch standardisierte Aufgabenstellungen in Tests und Klausuren, welche auf einen eng operationalisierten Erwartungshorizont angewiesen sind, lassen sich Lernergebnisse von hoher inhaltlicher Komplexität kaum würdigen oder auch fördern. Denn je komplexer ein zu berücksichtigender Problemhorizont ist, desto schwieriger wird es, einen Erwartungshorizont zu formulieren, von dem her sich die Schülerleistungen beurteilen lassen. Pädagogisches Denken erweist sich jedoch gerade im Hinblick auf gegenwärtige gesellschaftliche Auseinandersetzungen um Fragen der Erziehung und Bildung gerade dadurch als fundiert und damit als kompetent, dass es deren tatsächlicher Komplexität Rechnung zu tragen versucht. Nicht zuletzt gewinnen pädagogische Argumentationen häufig dadurch ihren besonderen Wert, dass sie Problemhorizonte aufdecken, welche bei der Formulierung des Erwartungshorizonts zu einer Aufgabe nicht hinreichend beachtet wurden. Insofern bleibt die Frage, ob über standardisierte Leistungsüberprüfungen tatsächlich die Qualität pädagogischen Denkens und pädagogische Handlungskompetenz hinreichend kontrolliert werden kann, zumindest zur Zeit unbeantwortbar. Zumindest wäre ernsthaft darüber nachzudenken, ob standardisierte Aufgabenstellungen auf der Basis eng operationalisierter Leistungserwartungen künftig der einzige Aufgabentypus bei zentralen Prüfungen im Fach Pädagogik sein sollten.

(j) Obligatorische Standards für den Pädagogikunterricht beinhalten die große Gefahr, dass Lehrende und Lernende sich im Unterricht zu einseitig auf das Bewältigen von Aufgaben zur Überprüfung der vorgegebenen Standards konzentrieren und dadurch die „Bildungsstandards“ auf „Teststandards“ reduziert werden (Herrmann 2003, 632). Wichtige Bildungsziele könnten so aus dem Blickfeld geraten oder aber mit Hinweis auf die Bedeutung der Standards (von unterschiedlichen Seiten) zurückgewiesen oder marginalisiert werden. Es ist daher notwendig, in Richtlinien und Lehrplänen mit Nachdruck deutlich zu machen, dass das Bewältigen von standardisierten Anforderungen nicht das eigentliche Ziel schulischer Bildung darstellen kann, sondern lediglich ein notwendiges, aber nicht hinreichendes Mittel für das Erreichen schulischer Bildungsziele ist.

(k) Gegenwärtig ist dagegen ein Dualismus von Richtlinien und Lehrplänen einerseits und Standard-Katalogen andererseits zu konstatieren. Vor dem Hintergrund, dass Standards verbindlich und operationalisiert festgeschrieben und überprüft werden, gewinnen sie nahezu zwangsläufig im unterrichtlichen Alltag höheren Stellenwert als eher allgemein und weniger konkret formulierte Lehrplanaussagen. Lehrerinnen und Lehrer könnten so versucht sein, ihren Unterricht einseitig an Standards bzw. standardisiert beschriebenen „Kompetenzen“ auszurichten. Ein solches Problem würde sicherlich weniger entstehen, wenn Richtlinien formuliert würden, in welche die Beschreibung von verbindlichen Standards sinnvoll integriert wäre. Derartige Versuche sind jedoch gegenwärtig nirgendwo zu erkennen.

(l) Mit der Einführung von Standards müsste eine Unterrichtsforschung verbunden werden, welche sich nicht einseitig auf die Untersuchung der Frage beschränkt, in welchem Ausmaß Schülerinnen und Schüler bestimmte Kompetenzen erworben haben, sondern auch und zunächst danach fragt, mit welchen unterrichtlichen Methoden Schülerinnen und Schüler am ehesten für eine Bewältigung entsprechender standardisierter Aufgaben qualifiziert werden können. Um eine Beschränkung auf standardorientierte Forschungen zu Lasten der Erforschung von darüber hinausreichenden Unterrichts- und Bildungsprozessen zu vermeiden, sind darüber hinaus Forschungsprojekte notwendig, in welchen untersucht wird, ob bzw. inwieweit mit der obligatorischen Vermittlung von standardisierten „Kompetenzen“ zugleich die in den Lehrplänen und Richtlinien beschriebenen Bildungs- und Erziehungsziele erfolgreicher als bisher erreicht werden.

(m) So wichtig und richtig der Versuch ist, über standardisierte Anforderungen die „Qualität“ der schulischen Leistungen zu steigern, so sehr muss vor einer Überschätzung unterrichtlicher Möglichkeiten gewarnt werden. So wäre die Erwartung unangebracht, dass die im Unterricht erworbenen Kenntnisse und Kompetenzen sich unmittelbar auf die Bewältigung beruflicher und außerberuflicher Anforderungen der Lebenswelt auswirken. Dies gilt auch und in besonderer Weise mit Blick auf das Unterrichtsfach Pädagogik. Es wäre naiv zu glauben, dass Probleme in unterschiedlichen pädagogischen Praxisfeldern nun plötzlich durch die in der Schule erworbenen Kompetenzen lösbar seien . Ganz im Gegenteil muss immer wieder mit Nachdruck darauf verwiesen werden, dass Schule und Unterricht nicht stellvertretend für die gesamte Gesellschaft alle pädagogischen Probleme und Aufgaben lösen können. Denn die Schule kann außerschulisches Leben und Handeln niemals antizipieren, sondern die Lernenden allenfalls vorbereitend Wissen und Kompetenzen erwerben lassen, ohne sicher prognostizieren zu können, welches Wissen und welche Kompetenzen im außer- und nachschulischen Leben der Schülerinnen und Schüler Bedeutung gewinnen und welchen Gebrauch sie davon machen.

(n) Überdies darf der Unterricht sich unter dem Anspruch von „Bildung“ ohnehin nicht auf funktionale Ziele beschränken. Denn Aufgabe schulischen Lernens ist keineswegs nur die Qualifizierung für vorgegebene Anforderungen im gesellschaftlichen Leben, sondern immer auch zugleich die Befähigung zur kritischen Auseinandersetzung mit diesen Anforderungen. Insofern bleibt bedeutsam, dass auch zukünftig Kompetenzen (Befähigung zum kompetenten Urteilen und Handeln unter Einschluss kritischen und selbstkritischen Nachdenkens) erworben und Aufgaben zu ihrer Überprüfung formuliert werden, die diesem Anspruch gerecht werden. Allerdings lässt sich der Erwerb dieser anspruchsvollen Kompetenzen nicht anhand operationalisierter Leistungserwartungen kontrollieren.

(o) Auf keinen Fall dürfen die für den Bildungsauftrag des Unterrichts wesentlichen Ziele, wie z. B. „Verantwortungsbewusstsein“ oder „Selbstbestimmung“, zukünftig an Bedeutung im schulischen Alltag verlieren. Das muss auch dann gelten, wenn sich diese Ziele im Rahmen von Unterricht generell nicht durch Aufgaben überprüfen lassen. Dem Bildungsauftrag des Faches Pädagogik, wie er im Kapitel 3 skizziert wurde, hinreichend Rechnung zu tragen, muss besonderer Auftrag der Lehrerinnen und Lehrer innerhalb der konkreten unterrichtlichen Arbeit bleiben. Die Ausrichtung des Unterrichts auf überprüfbare Leistungserwartungen kann dazu einen wichtigen, aber in seiner Reichweite begrenzten Beitrag leisten.

7. Aufgaben

Vorbemerkungen zu den Aufgaben

Die folgenden Aufgaben sollen Möglichkeiten und Schwierigkeiten verdeutlichen, Kompetenzen aus den unterschiedlichen Kompetenz- und Anforderungsbereichen zu überprüfen. Darüber hinaus können und sollen sie zur Diagnose der Kompetenzentwicklung, zur Ausbildung und zur Übung der Kompetenzen genutzt werden. Die jeweils angesprochenen Kompetenzbereiche werden bei jeder Aufgabe ebenso genannt wie die inhaltlichen Voraussetzungen, die unbedingt gegeben sein müssen, um die Aufgaben erfolgreich bearbeiten zu können. Ergänzend wird auf zusätzliche Kenntnisse verwiesen, die dazu beitragen können, die Komplexität und Qualität der Bearbeitung der Aufgaben zu steigern.

Durch die folgenden Aufgaben werden folgende Aufgabentypen illustriert:

- schriftlich zu bearbeitende Aufgaben
- materialgebundene und nicht-materialgebundene Aufgaben
- untergliederte und nicht-untergliederte Aufgaben
- Aufgaben für Leistungskurse und Aufgaben für Grundkurse
- Aufgaben mit sehr präzise bestimmten und mit mehr oder minder offenen Leistungserwartungen.

Die Beschreibung der Aufgaben erfolgt nach einer einheitlichen Struktur:

- Benennung des Themas (I.)
- Angabe der Jahrgangsstufe (II.)
- Angabe der Kursart (III.)
- Angabe des Aufgabentypus‘ (IV.)

- bei materialgebundenen Aufgaben: Abdruck des auszuhändigenden Materials (V.)
- Aufgabenstellung (VI.)
- spezifische inhaltliche Voraussetzungen für die Bearbeitung der Aufgaben (VII.)
- Angaben zum Erwartungshorizont (VIII.)
- Hinweise zur Benotung (IX.):
  - □ Voraussetzungen für die Note „ausreichend“ (Mindeststandard)
  - □ Voraussetzungen für die Note „gut“ (Qualitätsstandard)
  - □ (in einem Fall) Teilleistungen mit zugeordneten Punktwerten, die zur Gesamtnote zusammengezogen werden.

Die Aufgaben werden in unterschiedlicher Weise dargestellt:

- Bei den textgebundenen Aufgaben gibt es zusammenhängende Ausführungen, in denen die an die Aufgaben geknüpften Erwartungen in enger Anlehnung an den Text erläutert werden.
- Bei den nicht-materialgebundenen Aufgaben wird der Erwartungshorizont dagegen stichwortartig umrissen.

Jeder Aufgabe ist ein Kommentar zugeordnet,

- der die besonderen Merkmale der Aufgabe erläutert,
- den gewählten Modus der Beurteilung vorstellt und
- die Leistungen und Grenzen dieses Aufgaben- und Beurteilungsformats herausarbeitet.

Auf eine weitere Anpassung der Aufgaben im Hinblick auf die Formulierung der Aufgaben und der Leistungserwartungen sowie in stilistischer Hinsicht wurde dagegen verzichtet: Dadurch bleibt die individuelle Handschrift des jeweiligen Verfassers der Aufgabe erkennbar und wird der Tatsache Rechnung getragen, dass auch künftig jeder Lehrer bei aller Notwendigkeit, Schülerleistungen möglichst objektiv zu überprüfen, seine Aufgaben und Erwartungen immer in einer für ihn spezifischen Weise formulieren wird.

Die Aufgaben zeigen unterschiedliche Wege auf, die Kompetenzen zu überprüfen.
Es gibt Aufgaben, die sehr enge Vorgaben hinsichtlich Aufgabenstellung und Beurteilung machen, andere sind offener gestaltet. Die Anordnung der Aufgaben ist am Prinzip zunehmender Offenheit der Aufgaben und der Erwartungshorizonte orientiert: Am Anfang steht eine Aufgabe, bei der bereits durch die Aufgabenstellung die erwarteten Lösungen der Schüler gegliedert werden und detaillierte Vorgaben die zu erbringenden Teilleistungen und ihre Gewichtung festlegen. Danach werden die Aufgabenstellungen immer offener, und die Erwartungshorizonte eröffnen größere Ermessensspielräume für die Beurteilung. Am Ende fordert schließlich eine Aufgabe mit offener Fragestellung die Schüler dazu auf, die zur Beantwortung relevanten Sachaspekte selbständig auszuwählen und sinnvoll anzuordnen.

Die Aufgaben sind nicht – dies sei ausdrücklich betont – als Musteraufgaben mit Musterlösungen zu verstehen, sie sollen vielmehr eine Diskussionsgrundlage darstellen, um die Frage nach sinnvollen Aufgaben differenziert erörtern zu können.

Die Aufgaben sind thematisch unterschiedlich ausgerichtet, so dass ein breites Spektrum nicht nur von Kompetenzen, sondern auch von kompetenzfundierenden Kenntnissen erfasst wird. Die Bearbeitung der Aufgaben verlangt den Nachweis von Leistungen, die durch die in den Kapiteln 4 und 5 vorgelegte, systematisierte und aufeinander bezogene Zusammenstellung von Kompetenzbereichen, Anforderungen, Kompetenzen sowie kompetenzfundieren Kenntnissen definiert werden. Die Aufgaben setzen zwar Schwerpunkte, indem sie die Kompetenzen und Standards in unterschiedlicher Breite und Intensität aufgreifen, fordern aber durchgängig ein komplexes Ensemble von Kompetenzen in verschiedenen inhaltlichen Bereichen ein. Eine eindeutige Zuordnung, die eine bestimmte Kompetenz mit einem inhaltlichen Standard verbindet und durch eine darauf bezogene Aufgabe überprüft, wird nicht vorgenommen.

Die Aufgaben sind jedoch nicht nur in Leistungssituationen zur externen Messung und Beurteilung der Kompetenzentwicklung geeignet, sie sind auch in Lernsituationen nutzbar. Sie können zur Diagnose von Kompetenzentwicklung und, darauf bezogen, zur gezielten Förderung eingesetzt werden. Die umfassende Systematik der Kompetenzen und inhaltlichen Standards ermöglicht das Erstellen von individualisierten, quantitativ und qualitativ ausdifferenzierten Leistungsprofilen der Schülerinnen und Schüler. So können nicht nur der bereits erreichte Entwicklungsstand der Kompetenzen und die Verfügung über die kompetenzfundierenden Kenntnisse erfasst werden; auch die Lücken und qualitativen Kompetenzdefizite können, was im Hinblick auf die gezielte Förderung noch wichtiger ist, erkannt werden. Dies muss nicht ausschließlich durch die diagnostizierende Lehrperson geschehen. Die Aufgaben eignen sich auch für die Selbstevaluation der Schülerrinnen und Schüler. Dies geschieht ganz im Sinne der hier vorgelegten Kompetenzen und Standards, die selbstreguliertes Lernen auch durch die Entwicklung selbstevaluativer Kompetenzen der Lerner fördern wollen (s. bes. D. 3.7; D 3.8; D 3.9; a 8). Dazu werden die spezifischen selbstreflexiven Potentiale des Faches Pädagogik eingesetzt, weil hier das (auch in jedem anderen Fach stattfindende) Lernen durch die Vermittlung von auf eben dieses Lernen bezogenem (deklarativem und prozeduralem) Fachwissen (hier bes. a. 8) unterstützt werden kann, weshalb man oft vom Pädagogikunterricht als „didaktischem Sonderfall" spricht. Für den externen Evaluator und den selbst evaluierenden Lehrer eröffnen die Aufgaben und die Lösungen der Schüler zudem die Chance, Rückschlüsse auf den Unterricht zu ziehen und auch hier quantitative (im Hinblick auf Lücken) als auch qualitative (im Hinblick auf den Grad der Kompetenzentwicklung) Diagnosen vorzunehmen, die wiederum zur Veränderung didaktischen Handelns genutzt werden können.

Darüber hinaus sind die Aufgaben zur Einübung der Kompetenzen und kompetenzfundierenden Kenntnisse mit dem Ziel ihrer Festigung und Übertragung zu verwenden. Wie schon bei der Evaluationsfunktion gilt auch hier, dass die Lerner zunehmend selbstreguliert mit dem Aufgabenangebot umzugehen lernen sollten, dass aber auch die Lehrerin und der Lehrer mit Hilfe der Aufgaben Übung und Transfer organisieren können. Insofern sind die Aufgaben polyfunktional in Bezug auf Qualitätssicherung und -entwicklung.

Verzeichnis und Definition der Operatoren

Operatoren bezeichnen Tätigkeiten (Operationen), welche die Schülerinnen und Schüler bei der Lösung der Aufgaben ausführen sollen. Da die Operatoren ohne Bezug auf konkrete Inhalte definiert werden, ergeben sich aus der Zuordnung zu einem Anforderungsbereich keine zwingenden Rückschlüsse auf das Niveau der geforderten Leistungen (So kann z.B. die *Wiedergabe* eines Textes von hoher Komplexität höhere Anforderungen stellen als die *Interpretation* eines einfachen Textes).

Operatoren	Afb	Definitionen
nennen, benennen	I	ausgewählte Einzelheiten (Komponenten, Elemente, Faktoren, Aspekte, Merkmale, Begriffe) angeben
herausstellen, betonen	I	auf die Bedeutung einer Einzelheit innerhalb eines Zusammenhanges aufmerksam machen
wiedergeben, darstellen, darlegen	I	einen vorgegebenen Sachverhalt, ein Problem, eine Position, eine These, eine Theorie, ein Modell, einen Gedankengang in eigenen Worten mitteilen
kennzeichnen, klassifizieren	I	ein konkretes Merkmal mit Hilfe eines Begriffs kategorisieren
skizzieren, strukturieren	I	den Zusammenhang der konstitutiven Komponenten eines Sachverhalts, Verfahrens oder Gedankengangs aufzeigen
Zusammenfassen	I	die Kernaussagen eines Textes, einer Mitteilung, einer Argumentation ermitteln und in eigenen Worten mitteilen

schildern	I	den Verlauf eines Prozesses mitteilen
zurückgreifen auf	I	pädagogisches Wissen aufgabenbezogen reaktivieren
Begriffe verwenden	I	im Unterricht geklärte Begriffe nutzen
praktizieren	I	einfache eingeübte Arbeitsprozesse vollziehen

analysieren	II	Informationen auf ihre Bestandteile (Komponenten, Elemente, Strukturmerkmale) hin untersuchen und die Ergebnisse mitteilen
erarbeiten, herausarbeiten	II	aus Informationen wesentliche Gesichtspunkte, Argumente, Positionen, Prämissen ermitteln und mitteilen
beschreiben	II	eigene ästhetische, atmosphärische Eindrücke mitteilen
ordnen, gliedern	II	zusammengehörige Informationen zusammenstellen und in eine Abfolge bringen
einordnen, zuordnen	II	einen Sachverhalt, eine Position, ein Problem, eine Theorie, ein Modell, einen Prozess einer bestimmten Klasse, einem Typus, einem Paradigma zuweisen
in Beziehung setzen, beziehen auf, heranziehen	II	unter vorgegebenen oder selbst gewählten Gesichtspunkten Zusammenhänge zwischen in einer Aufgabe gegebenen Informationen herstellen bzw. darüber hinaus verfügbares Wissen zur Bearbeitung der Aufgabe nutzen

anwenden, transferieren	II	Fakten-, Modell-, Theorie-, Verfahrenskenntnisse zur Bearbeitung einer Aufgabe nutzen
beachten, befolgen	II	sich an Regeln, Prinzipien, Vorgaben halten
belegen, nachweisen, begründen	II	eine Aussage durch Argumente stützen
auswerten	II	eine Sammlung von Daten unter erkenntnisleitenden Gesichtspunkten (Perspektiven, Kriterien) sichten und die Ergebnisse mitteilen
konkretisieren	II	eine abstrakte Aussage oder einen abstrakten Aussagezusammenhang an einem oder mehreren Beispielen veranschaulichen
vergleichen	II	Handlungen, Probleme, Problemlösungs- bzw. Handlungsstrategien, Thesen, Positionen, Modelle, Theorien, Verfahren unter vorgegebenen bzw. selbst gewählten Perspektiven gegenüberstellen
erläutern, verdeutlichen, präzisieren	II	einen Begriff, einen Sachverhalt, eine These, eine Theorie, ein Modell, einen Prozess so mitteilen, dass diese verständlicher und nachvollziehbarer werden
erklären	II	Begründungen, Ursachen, Bedingungen für einen Sachverhalt angeben

rekonstruieren	II	einen Prozess, einen Gedankengang, eine Diskussion so mitteilen, dass diese in ihrer Genese und in ihren Hauptmerkmalen nachvollziehbar werden
entfalten, ausarbeiten	II	einen komprimierten Zusammenhang durch Zusatzinformationen in ausführlicherer Form mitteilen
einarbeiten	II	in einen Zusammenhang weitere Informationen einfügen
umwandeln, übersetzen, überführen	II	Informationen in einer anderen als der ursprünglichen Darstellungsform präsentieren
schließen, erschließen	II	aus bekanntem oder vorgegebenen Informationen neue bzw. nur implizit enthaltene Erkenntnisse herleiten und mitteilen
befragen	II	einen Sachverhalt, eine Position, eine These, eine Modell, eine Theorie, ein Verfahren unter einer vorgegebenen oder selbst gewählten Perspektive untersuchen und das Ergebnis mitteilen

interpretieren, deuten	III	den Sinn vorgegebener Informationen auslegen
verknüpfen	III	selbständig einen Zusammenhang zwischen bekannten bzw. neu gewonnenen Informationen herstellen

sich auseinandersetzen mit	III	Argumente zur Beurteilung und / oder Bewertung eines Sachverhalts, eines Problems, einer These, einer Theorie, eines Modells, eines Prozesses anführen
prüfen	III	die Tragfähigkeit einer These oder eines Verfahrens kritisch bedenken
problematisieren	III	Handlungen, Handlungs- bzw. Problemlösungsstrategien, Thesen, Positionen, Modelle, Theorien, Verfahren auf sich aus ihnen ergebende Probleme hin bedenken
erörtern, diskutieren	III	Argumente gegenüberstellen und gegeneinander abwägen
vermitteln	III	zunächst widersprüchliche Aussagen auf einer Metaebene dialektisch aufeinander beziehen
beurteilen	III	anhand vorgegebener oder selbst gewählter Sachkriterien zu einem Sachverhalt, einer These, einer Position, einem Modell, einer Theorie, einem Verfahren Stellung nehmen
bewerten	III	anhand vorgegebener oder selbst gewählter Wertungskriterien zu einem Sachverhalt, einer These, einer Position, einem Modell, einer Theorie, einem Verfahren Stellung nehmen
Konsequenzen ziehen	III	aus Überlegungen und Einsichten Schlüsse ziehen
entwickeln	III	aus vorgegebenen Informationen einen Gedankengang aufbauen

entwerfen, planen	III	für ein Problem Lösungskonzepte bzw. Handlungsstrategien ausarbeiten
entscheiden	III	eine Problemlösungs- oder Handlungsmöglichkeit aus mehreren Varianten auswählen
gestalten, handeln, realisieren	III	eine Absicht, einen Plan in Praxis umsetzen
antizipieren, abschätzen	III	mögliche Wirkungen und Nebenwirkungen von Problemlösungs- bzw. Handlungsvarianten bedenken
metareflektieren	III	eigene Überlegungen, Positionen, Argumente zum Gegenstand überprüfenden Nachdenkens machen

Afb: in der Regel betroffener Anforderungsbereich

Aufgaben

Aufgabe Nr. 1:

I. Thema: **Kritik der Anomietheorie mit Folgen für das sozialpädagogische Handeln**

II. Jahrgangsstufe: 12/2

III. Kursart: Leistungskurs

IV. Aufgabentypus: materialgebunden, untergliedert, schriftlich, Leistungskurs

V. Textgrundlage:

Hans Hartwig Bohle/Wilhelm Heitmeyer/Wolfgang Kühnel/Uwe Sander: Anomieentwicklungen in der funktional differenzierten Gesellschaft [1997]

Ein zentrales Merkmal der modernen Gesellschaft ist die Differenzierung in gesellschaftliche Teilsysteme. Ursprünglich miteinander integrierte Funktionen lösen sich aus ihren traditionellen Einbettungen und spezialisieren sich zunehmend im Zuge dieses Auseinandertretens zu relativ autonomen gesellschaftlichen Teilsystemen, die sich tendenziell durch exklusive Zuständigkeiten auszeichnen (…).
Die Differenzierung in gesellschaftliche Teilsysteme wird deutlich an der Trennung von Familienleben und ökonomischer Produktion im Zusammenhang mit der Industrialisierung; an der Trennung von politischer Lenkung und ökonomischer Kapitalbildung im Zusammenhang mit der Demokratisierung des politischen Systems, der Trennung von Religionspflege und Erziehung im Zusammenhang mit dem Aufbau staatlicher Schulsysteme sowie an dem Verzicht auf religiöse Legitimation politischer Systeme beim Übergang zu einer demokratischen Selbstlegitimation.

Diese Differenzierung regt zu einer Erweiterung der Mertonschen Perspektive von der anomischen Ziel-Mittel-Diskrepanz an. Anomie impliziert dann auch eine Disbalance eingespielter Verhältnisse zwischen den relativen Aspirationsniveaus gesellschaftlicher Teilgruppen und den darauf eingepassten Zugangsregeln verschiedener gesellschaftlicher Funktionsbereiche. Soziales Verhalten wird dann als „abweichendes Verhalten" disqualifiziert, wenn gruppenspezifisch genutzte und definierte Mittel zur Zielerreichung mit legalen Mitteln kollidieren bzw. vom jeweiligen Funktionssystem, auf das sich die Ziele und Mittel richten, nicht akzeptiert werden. Außerdem ist denkbar, dass mögliche Disbalancen und Spannungen, die ihre Ursachen in einem spezifischen Teilsystem haben, sich in ganz anderen Teilbereichen „entladen" können. Solche Konflikt- und Problembewältigungsformen werden mit den klassischen Konzepten der Kompensation und Problemverschiebung angemessen und treffsicher charakterisiert.
Unterstellt man einen begrenzten und teilsystemgebundenen Geltungsanspruch von gesellschaftlichen Normen, dann kann die anomische Disbalance dieser Normen wiederum nur teilgesellschaftliche bzw. teilgesellschaftlich spezifische Folgen haben.
In dieser Perspektive zeichnen sich moderne Gesellschaften weiter dadurch aus, dass es neben der Kontextualität und Interdependenz verschiedener (teil-)gesellschaftlicher Vorgänge immer stärker zu Interdependenzunterbrechungen kommt. Das heißt allgemein: Die sich ausbreitende Eigenlogik und relative Autonomie gesellschaftlicher Teilbereiche führen dazu, dass sich Vorgänge des einen Teilbereiches nur vermittelt und bedingt auf andere Teilbereiche auswirken. Und das kann z. B. konkret heißen: Anomische Tendenzen in Funktionsbereichen wie Schule, Arbeitsmarkt oder Politik oder anomische Spannungen bestimmter Bevölkerungsgruppen (Arbeitslose, neue Arme etc.) werden durch unterbrochene Interdependenzverhält-

nisse „eingeklammert“ und greifen nicht mehr zwangsläufig gesamtgesellschaftlich um sich.
Die Metapher der Zwei-Drittel-Gesellschaft kennzeichnet eine solche Interdependenzunter-brechung. Während der Großteil der Mitglieder einer solchen Gesellschaft über einen geregelten Zugang zu Ausbildung, Arbeit, Wohnung und Vermögen verfügt, wird eine Minderheit (das eine Drittel) auf Dauer und ohne Chancen der Reintegration von diesen Ressourcen ferngehalten, ohne dass es zu einem anomischen Kollaps der Gesamtgesellschaft kommen muss. Gerade am Beispiel der Zwei-Drittel-Gesellschaft lässt sich exemplarisch zeigen, wie moderne Gesellschaften mit (anomischen) Krisen umgehen. Sie richten sogar für die Betroffenen eigene Teilsysteme (Arbeitslosenhilfe, Sozialhilfe, Sozialpädagogik, Umschulungen etc.) ein, in denen die Auswirkungen anomischer Tendenzen abgefedert, aber nicht beseitigt werden.
Gesellschaftliche Krisen (wie z.B. Massenarbeitslosigkeit) werden nicht in dem Sinne gelöst, dass diese Krisen selbst und ihre Ursachen verschwinden. Vielmehr arrangieren sich moderne Gesellschaften mit ihren Krisen, indem sie Modi entwickeln, auch mit ihnen weiterhin zu existieren. Nimmt man als weiteres Beispiel die verbreitete Kleinkriminalität (z. B. Ladendiebstahl), so wird dieser Mechanismus deutlich. Der teilgesellschaftliche Bereich des Konsumsektors kann zwar mit Hilfe von Detektiven und Sicherungsanlagen den Ladendiebstahl in Grenzen halten, das Kernphänomen wird dadurch jedoch nicht verhindert. Das so entstandene Defizit taucht wieder in den Betriebsrechnungen der Warenhauskonzerne auf, d. h., es wird in der Logik des Systems kaufmännisch behandelt und über die Preise an den Konsumenten weitergegeben. Dem Rechtssystem fehlen solche Anpassungsmodi; es definiert (bislang) Ladendiebstahl als strafwürdigen Verstoß gegen geltendes Recht. Aber auch in der Jurisprudenz sind Versuche erkennbar, sich mit dieser Form von Anomie durch

eine „begrenzte Normalisierung“ zu arrangieren. Die derzeitigen Diskussionen über eine rechtliche Neudefinition von Ladendiebstahl dokumentieren das. (…)
Anomie bedeutet nach unserem Verständnis eine Disbalance eingespielter Verhältnisse zwischen den relativen Aspirationsniveaus gesellschaftlicher Teilgruppen und den darauf eingepassten Zugangsregelungen und Realisierungsmöglichkeiten verschiedener gesellschaftlicher Funktionsbereiche. Wie dies gemeint ist, wird am folgenden Beispiel verdeutlicht.
Güterbesitz und Konsum kommt in modernen Gesellschaften (trotz Wertewandels) eine hohe Bedeutung zu. Man kann also davon ausgehen, dass das Aspirationsniveau in diesen Bereichen im allgemeinen relativ hoch angesiedelt ist. Nun demonstrieren die modernen Besitz- und Konsumgesellschaften schon seit langem die zwar bekannte, aber dennoch erstaunliche Tatsache, dass der größte Teil des Verbrauchs relativ nomisch verläuft. Die „Zugangsmodi“ sind klar definiert: Konsum wird über Geld geregelt. Unabhängig vom Ansehen der Person, ohne Berücksichtigung spezieller Eigenschaften werden Wünsche über das Medium Geld verwirklicht. Konsumwünsche existieren in allen gesellschaftlichen Gruppen, jedoch gilt auch hier (im „Normalfall“) dasselbe Prinzip der Realisierung: Geld. Eine angespannte Finanzlage begrenzt „im Normalfall“ die Realisierung von Wünschen schon von vornherein. Anomische Situationen können in diesem Beispiel verschiedene Ursachen haben: relative Armut; „Aufheizung“ des Aspirationsniveaus durch Strategien des Konsumsektors (z. B. Werbung); Diffundierung gesellschaftlicher Unterschiede, in denen kollektive Regeln der Selbstbeschränkung definiert werden; Zerstörung der funktionsspezifischen Zugangsregeln durch den Funktionsbereich Konsum selbst: Gewährung unredlicher Kredite, Suggestion von Konsummöglichkeiten ohne Geldbesitz; Anomietendenzen in anderen gesellschaftli-

chen Funktionsbereichen („Selbstbedienung“ von Politikern, Steuerskandale der Industrie, tendenziöse Rechtsprechung etc.), worüber die normative Zugangsbedingung zu Konsum (Geld) an Geltung verliert.
Als Fazit lässt sich unser Vorschlag einer Erweiterung des klassischen Anomiekonzepts (Mertonscher Prägung) darauf fokussieren, dass gesellschaftsstrukturelle Einflüsse auf der Ebene gesellschaftlicher Funktionsbereiche und der Ebene spezifischer Personengruppen (Bevölkerungssegmente) berücksichtigt werden.

Hans Hartwig Bohle/Wilhelm Heitmeyer/Wolfgang Kühnel/Uwe Sander: Anomie in der modernen Gesellschaft: Bestandsaufnahme und Kritik eines klassischen Ansatzes soziologischer Analyse. In: Wilhelm Heitmeyer (Hrsg.): Was treibt die Gesellschaft auseinander? Bundesrepublik Deutschland: Auf dem Weg von der Konsens- zur Konfliktgesellschaft. Band 1. Frankfurt/Main 1997, S. 29 – 65; hier S. 53 – 57. Der Text ist um die Literaturhinweise gekürzt.)

Hinweise:
Aspirationsniveau: Stufe der Hoffnungen, Bestrebungen, Pläne
Kontextualität: Zusammenhang; hier: auf einen teilgesellschaftlichen Zusammenhang bezogen
Reintegration: Wiedergewinnung des Zugangs
Ressourcen: Hilfsquellen
Modi: Verfahren
Ladendiebstahl: Ladendiebstahl soll nach der Ansicht einiger Rechtsexperten nicht mehr als Straftat, sondern nur als Ordnungswidrigkeit behandelt werden.
nomisch: in Übereinstimmung mit den Normen, Gesetzen; Gegensatz zu anomisch
Diffundierung - hier: Ausweitung, Vervielfältigung

Suggestion: den (in der Regel falschen) Eindruck vermitteln

VI. Aufgabenstellung:

1. **Beschreiben Sie mit Rückgriff auf den Text die Merkmale von funktional differenzierten Gesellschaften und arbeiten Sie aus dem Text heraus, welche Veränderungen der Anomietheorie von Merton nach Auffassung der Autoren notwendig sind, wenn diese Merkmale berücksichtigt werden!**

2. **Erläutern Sie die von den Autoren vorgeschlagenen Veränderungen der Anomietheorie!**
   Ziehen Sie dazu auch Ihr Wissen über Mertons Anomietheorie und eigene Beispiele heran!

3. **Sozialpädagogen übernehmen nach Auffassung der Autoren in der „Zwei-Drittel-Gesellschaft" die Aufgabe, so auf die Verlierer aus dem „unteren" Drittel einzuwirken, dass anomische Krisen nicht auf die Gesamtgesellschaft übergreifen.**
   Erörtern Sie diese These!
   Greifen Sie dabei auf Ihr Wissen zu Zielen und Funktionen sozialpädagogischen Handelns zurück!

VII. Spezifische inhaltliche Voraussetzungen für die Bearbeitung der Aufgaben:

Im Unterricht sollten zuvor erarbeitet worden sein:
• die Anomietheorie in der Fassung von Merton und Opp (z.B. nach Steuber: Jugendverwahrlosung und Jugendkriminalität, S. 68 – 71; Beyer / Knöpfel / Pfennings: Einführung in pädagogisches Denken und Handeln. Bd. IV, S. 29 - 31)
• Grundwissen zur gesellschaftlichen Bedingtheit von Erziehung und zur Struktur pädagogischen Handelns.

VIII. Angaben zum Erwartungshorizont:

Erwartungen zu Teilaufgabe 1:

durch die Aufgabenbearbeitung nachzuweisende Standards und spezielle Leistungserwartungen

TA	Erwartete Schülerleistungen	Kompetenzbereiche, Anforderungen, Kompetenzen				Kompetenz-fundierende Inhalte				Höchst-punkt-zahl
		A	B	C	D	a	b	c	d	
1	Im Text werden folgende Positionen zur Anomietheorie vorgetragen und begründet: Ursprünglich integrierte Funktionen lösen sich aus traditionellen Zusammenhängen. Sie spezialisieren sich in relativ autonome Teilsysteme und werden für bestimmte Aufgaben exklusiv zuständig. Beispiele: > Funktionssysteme Familie und Beruf Die berufliche Arbeit wird aus dem häuslichen Bereich ausgelagert; familiäres und berufliches Leben fallen auseinander. > Funktionssysteme Politik und Wirtschaft Politische Macht ist nicht mehr direkt verbunden	1.1		1.4 1.3 2.6		5	2.1	1.4		**8**

	mit ökonomischer Kapitalbildung.								
	Normen haben einen teilgesellschaftlichen Geltungsanspruch. Anomische Entwicklungen haben deshalb auch nur teilgesellschaftliche Auswirkungen. Andere Teilbereiche werden nur indirekt betroffen.	1.1	2.3	1.4		5	2.1	1.4		**6**
	Die Wechselwirkung zwischen den Teilbereichen wird unterbrochen. Dies geschieht auch durch bewusste Interventionen (z.B. durch sozialpädagogisches Handeln) oder durch Anpassungen der Teilsysteme (z.B.: Kosten von Ladendiebstählen werden in die Preise der Waren eingerechnet).	1.1	2.3	1.4		5	2.1	1.4		**6**

	Beachtung der Aspirationsniveaus spezifischer Personengruppen: Die Konsumerwartungen sind in den gesellschaftlichen Teilgruppen unterschiedlich hoch (Angehörige der Unterschicht haben geringere Ansprüche an Wohnung, Reisen etc.). Anomische Krisen sind nur mit Blick auf die Störung solch' gruppenspezifischer Niveaus zu erklären.	1.1	2.3	1.4		5	2.1	1.4		**8**
	Das wird zusammengefasst in einer modifizierten Definition von Anomie: Ungleichgewicht zwischen dem, was Teile der Gesellschaft möchten, und den Möglichkeiten, das mit Hilfe der eingeführten Zugangsregeln zu erreichen.			1.3				1.4		**8**
	Summe Höchstpunktzahl Teilaufgabe 1									**36**

<u>Erwartungen zu Teilaufgabe 2:</u>

<u>durch die Aufgabenbearbeitung nachzuweisende Standards und spezielle Leistungserwartungen</u>

TA	**Erwartete Schülerleistungen**	**Kompetenzbereiche, Anforderungen, Kompetenzen**				**Kompetenz-fundierende Inhalte**				**Höchst-punkt-zahl**
		A	B	C	D	a	b	c	d	
2	Nach Merton sind <u>kulturelle Ziele</u> die von „der“ Gesellschaft propagierten (gelebten, positiv sanktionierten) Konzepte für das, was als wertvoll und wünschenswert angesehen wird. <u>Kulturelle Normen</u> geben vor, auf welchen Wegen diese Ziele angestrebt und verfolgt werden dürfen (und auf welchen nicht). Zusammen bilden die kulturellen Ziele und Normen die <u>kulturelle Struktur</u> einer Gesellschaft (d.i. der Komplex der gemeinsamen Wertvorstellungen einer Gesellschaft). <u>Soziale</u>	2.2	1.1	2.3		5				**8**

	Struktur meint nach Merton den Komplex der sozialen Beziehungen, in die die Mitglieder der Gesellschaft oder Gruppe unterschiedlich einbezogen sind. Als Anomie wird der Zusammenbruch der kulturellen Struktur bezeichnet, der besonders dort erfolgt, wo eine scharfe Diskrepanz besteht zwischen kulturellen Normen und Zielen einerseits und den sozial strukturierten Möglichkeiten, in Übereinstimmung damit zu handeln, andererseits. Die Sozialstruktur wirkt sich somit entweder fördernd oder hemmend bei der Erfüllung kultureller Erwartungen aus. Kriminelles Verhalten entsteht, wenn die Ziele akzeptiert werden (Reichtum), aber normwidrige Wege, sie zu erreichen, gewählt werden. Die Position von Bohle u.a. ist im Vergleich komplexer, weil sie die Eigenlogik der gesellschaftlichen Teilsysteme und ihre	2.2	2.3	2.3		5				**8**

	Interaktionen sowie Interdependenzen berücksichtigt. Die bei Merton auch schon beachtete Differenzierung nach gesellschaftlichen Teilgruppen wird weiter ausgebaut, indem die spezifische Ausprägung ihrer Wertvorstellungen konsequent beachtet wird. Eigene Beispiele und Erläuterungen: z.B. allgemeine Pluralisierung der Lebensstile mit der Folge, dass abweichendes Verhalten unterschiedlich in den gesellschaftlichen Schichten definiert wird: Steuerhinterziehung, Schwarzarbeit als Kavaliersdelikte, Gewalt als anerkanntes Mittel der Selbstdarstellung in marginalisierten Gruppen; Konsumnormen und -verhalten in verschiedenen Schichten, Altersgruppen; demographische und wirtschaftliche Entwicklungen mit Auswirkungen auf Berufswünsche und	2.3 3.2		2.6	1.4 2.3	5		2.1		**10**

	-perspektiven, Lebensplanungen: hohe Ambitionen werden realistisch zurückgenommen; Isolierung anomischer Tendenzen in bestimmten Stadtvierteln, Schulen; Mangel an Arbeits- und Ausbildungsplätzen wird durch Angebote in berufsbildenden Schulen aufgefangen.									
	Summe Höchstpunktzahl Teilaufgabe 2									**26**

Erwartungen zu Teilaufgabe 3:

durch die Aufgabenbearbeitung nachzuweisende Standards und spezielle Leistungserwartungen

TA	**Erwartete Schülerleistungen**	**Kompetenzbereiche, Anforderungen, Kompetenzen**				**Kompetenz-fundierende Inhalte**				**Höchst-punkt-zahl**
		A	B	C	D	a	b	c	d	
3	Auswirkungen anomischer Tendenzen werden durch sozialpädagogisches Handeln abgefedert, aber nicht beseitigt			2.6		1.1 3 4 5			4.1 2.1	**4**
	Beispiel: Jugendliche Kriminelle werden erlebnispädagogisch, therapeutisch etc. betreut, um sie in die Gesellschaft zu integrieren. Die politischen und schulischen Bedingungen ihrer Erfolglosigkeit (Armut, Wohnsituation,			2.5		1.1 3 4 5		2.1		

	Bildungsmöglichkeiten …) werden nicht verändert. Angebote in der Jugendarbeit (Jugendzentren) versuchen, die Folgen von Arbeitslosigkeit zu verringern. Es werden keine neuen Arbeitsplätze für Geringqualifizierte geschaffen, sondern Lernwerkstätten finanziert.									
	Andererseits ist es nicht zu verantworten, die Jugendlichen sich selbst zu überlassen und darauf zu setzen, dass der Druck der Verhältnisse sie schon zu Einsicht und einem sich verändernden Handeln führt. (Sozial-)pädagogisches Handeln ist notwendig.			2.5 2.6		1.1 3 4 5				**6**
	Beispiel: Es kann notwendig sein, Gewalttäter auch gegen ihren Willen kurz- und mittelfristig in Gewahrsam zu nehmen und/oder therapeutische Beratung bzw. pädagogische Hilfe anzuordnen.							2.1		

	Sozialpädagogisches Handeln sollte nicht affirmativ als Reparatur unerwünschter Folgen einer auf Konkurrenz und Ungleichheit basierenden Gesellschaft fungieren.	3.5		2.1 2.3	1.6 2.6 3.1 3.2 3.4	1.1 3 4 5			4.1	**6**
	Andererseits sollte sozialpädagogisches Engagement sich einer ideologisch-politischen Indoktrination enthalten, indem es beispielsweise vorgeben wollte, Sprecher der Verlierer des Systems zu sein und für diese die Interessen zu definieren.									**6**
	Letztes Ziel einer pädagogisch verantworteten Jugendarbeit sollte sein, den Jugendlichen zu helfen, selbständig und verantwortungsvoll handlungsfähig zu werden. Dazu benötigen sie Sachkompetenz und ein eigenständiges Urteil über die gesellschaftlichen, ökonomischen etc. Zusammenhänge ihrer Situation.					2 3 1 5		3.2 3.3	4.1	**6**

	Aber: Mit pädagogischen Maßnahmen allein lassen sich anomische Verhältnisse nicht vermeiden oder beseitigen. Wirtschaftliche und politische Unterstützung ist notwendig.									
	Summe Höchstpunktzahl Teilaufgabe 3									**38**
	Gesamtsumme									**100**
	Weitere Punkte für nicht angeführte Teilleistungen									**1ff**

IX. Zuordnung von Punktzahlen zu Notenstufen:

Note	Punkte	erreichte Punktzahl
Sehr gut plus	15	101 ff.
Sehr gut	14	96 - 100
Sehr gut minus	13	91 - 95
Gut plus	12	86 - 90
Gut	11	81 - 85
Gut minus	10	76 - 80
Befriedigend plus	9	71 - 75
Befriedigend	8	66 - 70
Befriedigend minus	7	61 - 65
Ausreichend plus	6	56 - 60
Ausreichend	5	51 - 55
Ausreichend minus	4	46 - 50
Mangelhaft plus	3	41 - 45
Mangelhaft	2	36 - 40
Mangelhaft minus	1	31 - 35
Ungenügend	0	0 - 30

Kommentar zur Aufgabe Nr. 1:

(„Kritik der Anomietheorie mit Folgen für das sozialpädagogische Handeln“)

Diese Aufgabe weist zwei Besonderheiten auf:
1. Die Textvorlage ist ungewöhnlich komplex und stellt hohe Anforderungen an die Erschließungskompetenz von Schülerinnen und Schülern.

2. Die Bewertung der Schülerleistungen ist im Detail vorgegeben, um subjektive Bewertungsspielräume zu minimieren. Die Standardisierung geht hier weit über die Vorgabe von Aufgabenformaten, Aufgaben und allgemeinen

Bewertungsvorgaben hinaus. Sie wird bis auf den Prozess und das Ergebnis der Bewertung ausgedehnt.

zu 1:

Die erschwerte Zugänglichkeit des Textes wird durch mehrere Elemente hervorgerufen:
- Auf der syntaktischen Ebene wird ein schnelles Erfassen bereits durch die durchgängig verwandten hypotaktischen Konstruktionen versperrt. Notwendig für ein textadäquates Verständnis ist damit zunächst, die komplexen Satzgefüge insbesondere auf ihre immanenten logischen Beziehungen hin zu dekodieren, bevor die satzübergreifenden Verbindungen überhaupt nachvollzogen werden können.
- Auf der semantischen Ebene stehen nicht nur die immer wieder eingesetzten sozialwissenschaftlichen Fachtermini dem leichten Verstehen entgegen, sondern auch Fremdworte, die dem hohen Stilniveau einer allgemeinen akademischen Bildungssprache entsprechen. Um hier den Zugang zu erleichtern, werden bei den Hinweisen einige Worterklärungen gegeben. Eine weitere Erschwernis ergibt sich, weil der zentrale Begriff der Anomie im Text umdefiniert wird, damit als Homonym konkurrierende Definitionen bietet, die von den Schülerinnen und Schülern unterschieden werden müssen.
- Eine andere Herausforderung für das Textverstehen stellt sein deduktiver Argumentationsduktus dar. Die Autoren beginnen mit abstrakten Thesen, die erst im zweiten und dritten Schritt konkretisiert und mit Beispielen veranschaulicht werden. Der Verstehensprozess verläuft bei den theoretisch wenig versierten heranwachsenden (Schüler-)Lesern mit großer Wahrscheinlichkeit entgegen einer ihnen vertrauten Chronologie im Erarbeiten und Verstehen von Texten, so dass es zu (möglicherweise abschreckenden) anfänglichen Unklarheiten kommt, die sich erst im zweiten oder dritten Zugriff beseitigen lassen.

- Schließlich ist der Text nur dann nachzuvollziehen und vertiefend zu verstehen, wenn die Schülerinnen und Schüler in der Lage sind, umfangreiches Vorwissen über Mertons Anomietheorie einzubringen.
- Wie bei jeder anderen Aufgabe müssen schließlich auch hier die in den Operatoren angesprochenen methodischen Kompetenzen beherrscht werden.

zu 2:

Die Aufgabe demonstriert, wohin Standardisierung in Konsequenz vorangetrieben werden kann. Es ist nämlich wenig im Sinne der Logik der Standardisierung erreicht, wenn lediglich die Aufgabenformate vereinheitlicht werden, die Bewertungsmaßstäbe aber offen bleiben. Auch die Vorgabe von abstrakten Bewertungskriterien führt nicht viel weiter, und zwar auch dann nicht, wenn diese Kriterien weithin auf Zustimmung stoßen. Solche Kriterien liefern zwar eine allgemeine Orientierung, können aber nicht sicherstellen, wie die Bewertungskriterien auf die konkrete Schülerleistung appliziert werden. Alle empirischen Untersuchungen zur Praxis der Notengebung belegen, dass zwischen den Bewertern große Diskrepanzen bei der konkreten Identifizierung und Zuordnung von Elementen der Schülertexte im Hinblick auf die Kriterien vorkommen. Diskrepanzen gibt es auch bei der Gewichtung der Kriterien zur Bildung der Gesamtnote. Uneinheitlich wird schließlich bei der Setzung der Differenzen zwischen den einzelnen Gesamtleistungen verfahren, die zumeist wohl eine Rangfolge abgeben (also Ordinalskalenniveau erreichen), nicht aber die Abstände zwischen den einzelnen Leistungen einheitlich gestalten (also nicht Intervallskalenniveau erreichen). Das Ausmaß an Vereinheitlichung bei der Notengebung wird ein wenig größer, wenn mit Musterlösungen gearbeitet wird. Allerdings verbleiben auch in diesem Fall vielfältige Auslegungsmöglichkeiten bei der Bewertung der einzelnen

Schülerarbeiten, die sich auf die beiden gerade genannten Entscheidungsbereiche beziehen: Zuordnung von Elementen der Schülerleistung zu den Vorgaben der Musterlösung, ihre Gewichtung bei der Bildung der Gesamtnote und ihre Anordnung auf einer Skala.
Die Aufgabe zur Anomietheorie versucht deshalb in Anlehnung an die im Zentralabitur des Landes Nordrhein-Westfalen eingesetzten Aufgabenformate ein höheres Maß an Standardisierung durch Vereinheitlichung der Bewertung zu erreichen. Dazu werden die zu erbringenden Teilleistungen ausgewiesen und mit Punkten gewichtet, die dann addiert zur Gesamtnote umgerechnet werden. Die Zuordnung der Punktzahl zu einer Note ist wiederum auf Intervallskalenniveau festgelegt. Auch bei diesem Verfahren bleiben allerdings Ermessensspielräume für den Bewerter. Die Zuordnung von ausformulierter, vorgegebener Teilleistung, der dafür festgelegten Punktzahl und der vorgelegten Schülerleistung ist bei dieser Aufgabenvariante zwar recht eng eingegrenzt, aber keineswegs eindeutig. Konkret ist also beispielsweise zu entscheiden, in welchem Ausmaß in den Texten der Schülerinnen und Schüler die modifizierte Definition von „Anomie“ korrekt erfasst wurde: „Ungleichgewicht zwischen dem, was Teile der Gesellschaft möchten, und den Möglichkeiten, das mit Hilfe der eingeführten Zugangsregeln zu erreichen“. Hier können immerhin bis zu 8 Punkten vergeben werden, was mehr als einer Notentendenz (z.B. 2+ bis 2, s. Tabelle zur Notenfindung) entspricht.

Die Entscheidungen, die die Bewertungsvorgaben bestimmen (z.B. die Vergabe von Punkten für bestimmte Teilleistungen) lassen sich mehr oder weniger plausibel machen, in der Regel jedoch keineswegs zwingend begründen. Die in dieser Aufgabe konsequent vorangetriebene Standardisierung deckt damit aber nur auf, was in der gängigen Bewertungspraxis zumeist verdeckt bleibt: Immer müssen Entscheidungen zur Auswahl, Festlegung und Gewichtung von Kriterien getroffen werden, müssen diese Kriterien auf die Schülertexte appliziert werden, müssen die bewerteten Gesamtleistungen in Bezug zu anderen gesetzt werden. Der Vorteil des hier gewählten Verfahrens besteht nun darin, solche Entscheidungen offenzulegen und damit auch zur Diskussion zu stellen. Zugleich zeigt sich, welcher Preis für die Standardisierung zu zahlen ist. Das höhere Niveau an Explizitheit, Klarheit, Verbindlichkeit, Skalierung und Vergleichbarkeit wird durch Festlegungen erreicht, die den einzelnen Bewerter binden, ohne ihm immer plausibel zu erscheinen. Auch müssen Entscheidungen in Fragen getroffen werden, die wissenschaftlich nicht geklärt sind, wo auch kein Konsens der Fachleute existiert.

Im Folgenden werden einige der in die Bewertung eingehenden Entscheidungen erläutert:

Bei der Festlegung der Bewertung der Verstehensleistung wird besonders berücksichtigt, dass die Textvorlage schwierig zu erschließen ist. Für die korrekte Lösung der Teilaufgaben 1 und 2, die auf die Arbeit am Text zielen, werden 62 von 100 Punkten vergeben.

Das ist offensichtlich nicht bei allen Aufgaben sinnvoll. Es gibt funktionale Aufgaben zur Überprüfung des Kompetenzerwerbs, die mit leichteren Texten und komplexeren, textübergreifenden Teilaufgaben arbeiten (auch in dieser Aufgabensammlung). Hier wäre die Gewichtung der Teilleistungen entsprechend zu verändern. Das zeigt, dass über die Angabe formaler Operatoren keine Aussagen über den Anspruch (das Niveau) einer Aufgabe gemacht werden können. Die Ordnung von Operatoren nach Anforderungsbereichen kann deshalb nur erste und grobe Orientierungen liefern. Hinzu muss der materiale Bezug auf die konkreten Texte und Inhalte kommen, die mehr oder weniger komplex und voraussetzungsreich sein können. Konkreter: Die Analyse eines Textes kann mehr oder weniger schwierig

sein, je nachdem, welcher Text vorliegt. Ein weiteres Argument für die höhere Gewichtung der Textarbeit ergibt sich aus der Tatsache, dass sie im Unterricht einen großen (wahrscheinlich den größten) Raum einnimmt.
Im Hinblick auf die Anforderungsbereiche hat das bei dieser Aufgabe zur Folge, dass der Anforderungsbereich II (dem die Analyse zuzuordnen ist) das größte Gewicht bekommt – und nicht, wie zunächst zu vermuten wäre, der Anforderungsbereich III . Auch dies muss sich freilich bei anderen Aufgaben mit anderen Texten und Aufgabenstellungen ändern.

Aufgabe Nr. 2

I. Thema: **Anstöße historischer Bildungstheorie für die Reflexion der Aufgaben von Schule**

II. Jahrgangsstufe: 13/2

III. Kursart: Leistungskurs
(Abituraufgabe)

IV. Aufgabentypus: materialgebunden,
untergliedert

V. Textgrundlage:

Reinhold Bernhard Jachmann:

ÜBER DAS VERHÄLTNIS DER SCHULE ZUR WELT*

Erstes Programm des Conradinum bei dem Oster-Examen 1811

So weit die Geschichte reicht, hat die Schule mehr oder minder - im Dienste der Welt gestanden. [...] Mag ursprünglich die Welt selbst Schulen gestiftet haben, oder mögen einzelne Menschen auf den Gedanken gekommen sein, [...] den Unterricht der Jugend zu ihrem Berufsgeschäfte zu wählen; so lässt sich in beiden Fällen aus dem Interesse der Welt und der sinnlichen Menschennatur nichts anderes folgern, als daß man es für die eigentliche

---

* Alle Hervorhebungen im Text vom Verfasser, R.B. Jachmann

und alleinige Bestimmung der Schule wird gehalten haben, an der emporwachsenden Generation das, was das bloße Weltleben nicht so vollständig und so schnell bewirken kann, künstlich zu ergänzen und zu beschleunigen, und die Jugend so gut und so bald als möglich für irgend ein Weltgeschäft vorzubereiten und geschickt zu machen.

Daß die interessirte Welt und der einzelne Weltmensch der Schule diesen Zweck setzte, daß die Schule dadurch als bürgerlicher Stand in die Reihe der übrigen Bürgerstände rückte, gleich diesen eine Zunftform annahm, gleich diesen im Dienste der Welt für die mannigfaltigen und veränderlichen Weltzwecke hin arbeitete, und im Laufe der Zeit nach den veränderten Weltzwecken auch ihre Gestalt und ihr Geschäft veränderte, das Alles ist nicht befremdend. Aber befremdend ist es, daß das philosophische Jahrhundert, welches auch das Schulwesen seiner Kritik unterwarf und demselben eine gründliche Reform versprach, nicht allein die Schule im Dienste der Welt ließ, sondern sogar den Weltzweck als den höchsten Zweck der Schule aufstellte. [...]

Die Welt, von, der wir im Gegensatz von Schule sprechen, ist eine Sinnenwelt; die in ihr lebenden Menschen sind, als solche, Sinnenwesen; die Zwecke, welche sie in dieser Sinnenwelt erreichen wollen, sind sinnliche Naturzwecke, sie gehen auf Erhaltung und Beglückung ihrer Existenz. Der Verein von Menschen also, die als Sinnenwesen zur Erreichung ihrer sinnlichen Naturzwecke geschäftig sind, macht eine Welt aus. - Die Schule, im Gegensatz von Welt, ist eine Geistesverbindung; die in ihr lebenden Menschen sind, als solche, Vernunftwesen; die Zwecke, die sie in ihr erreichen wollen, sind die höchsten Vernunftzwecke, sie gehen darauf hin, ein Vernunftleben, ein Leben und Wirken in den Ideen des Wahren, Schönen und Guten, als die vollkommenste und höchste Kraftäußerung der Vernunft zu erzeugen. Der Verein von Menschen also, die als Vernunftwesen zur Erreichung der höchsten Vernunftzwecke tätig sind, macht eine Schule aus. —

Die Schule kann in ein ***subordiniertes*** Verhältnis zur Welt treten. Sie kann ihren eigenen Zweck gänzlich verkennen und aufgeben, und dagegen den Weltzweck zu ihrem alleinigen Zwecke machen. Sie kann sich so ansehen, als wenn sie bloß dazu vorhanden wäre, die junge Welt für die derselben künftig bevorstehenden allgemeinen Weltgeschäfte vorzubereiten. Sie kann sich aber auch in einem ***coordinierten*** Verhältnisse zur Welt betrachten; sie kann zwar ihren eigenen Zweck anerkennen und dafür tätig sein, aber mit diesem zugleich den Weltzweck verbinden und ihre Zeit und ihre Kräfte zwischen beiden teilen. Sie kann sich endlich in einem ***präordinierten*** Verhältnisse gegen die Welt ansehen; sie kann ihren eigenen Zweck, den höchsten Zweck der Menschheit, allein im Auge halten und verfolgen; sie kann es darauf anlegen, selbst die Welt allmählich diesem Schulzwecke anzubilden. [...]

Tritt die Schule in ein subordiniertes Verhältnis zur Welt; so herrscht in ihr ein bloß localer und temporärer Character. Sie schmiegt sich sclavisch an die allgemeinen Bedürfnisse des Orts und der Zeit an und treibt nur das, was in der sie jetzt umgebenden Welt gilt. Brauchbarkeit ist ihr Losungswort; Brauchbarkeit bestimmt und leitet alle ihre Geschäfte.

Betrachtet die Schule sich in einem coordinierten Verhältnisse zur Welt, vereinigt sie den Schulzweck und den Weltzweck in sich, so entsteht aus diesem Syncretismus völlige Characterlosigkeit. Sie will Allen Alles werden, sie will zu gleicher Zeit der Vernunft und dem Weltgeiste, sie will Gott dienen und dem Mammon.

Steht endlich die Schule in einem präordinierten Verhältnisse zur Welt, findet sie ihren Zweck in sich selbst, und macht sie es zu ihrem einzigen Bestreben, diesen Zweck, selbst zum Vorbild für die Welt, in sich zu realisieren, so herrscht in ihr ein fester Vernunftcharacter. Was sie will, ist eine ewig gültige Aufgabe der Vernunft; sie will die Veredlung der Menschheit bewirken. [...] Zur Nahrung des idealischen Vernunftlebens in den Ideen des Wahren und Guten entwickelt sie aus der innern Geistes- und Herzenskraft ihrer Schüler selbst die reine Vernunfterkenntnis und die Religion. Für das idealisch-schöne Leben, das nur durch Vorbilder des Schönen genährt werden kann, benutzt sie das Vollkommenste, das je von der schaffenden Menschenkraft gebildet worden ist, die Werke des classischen Altertums. Drei Gegenstände also sind es, welche diese Schule den Vernunftideen gemäß zum idealischen Leben ihrer Schüler in sich vereinigt, ***welche sie nicht als Wissenschaften, sondern als eigentliche Lebensweisen für den Geist ihrer Schüler betrachtet und behandelt*** und an welchen sie zugleich die Muttersprache entwickelt und bildet, und diese sind reine Vernunfterkenntnis (Philosophie und Mathematik), Altertumswissenschaft und Religion. Zu diesen, das eigentliche geistige Menschenleben, die Humanität, in sich begreifenden Lebensweisen führt sie das Kind von früher Jugend hin, damit sich sein Geist so bald als möglich für das Wahre, Schöne und Gute eröffne, es in sich aufnehme und durch diese Nahrung zur Vollkommenheit reife. Von allen übrigen Wissenschaften und Künsten nimmt sie nur diejenigen in ihren Unterricht auf, welche mit jenen ursprünglichen Bestandteilen eines wahrhaft geistigen Lebens in Verbindung stehen und zu deren Erläuterung und Anwendung dienen. [...]

Ein Jüngling von dieser allgemeinen wissenschaftlichen und humanistischen Bildung wird sich in kurzem und weit gründlicher, als der für den Weltdienst erzogene, alle die Kenntnisse und Fertigkeiten aneignen, die zu seinem besondern Berufsgeschäfte erforderlich sind. [...] Aber er wird noch mehr tun. Eben weil er nicht für die Welt und ihre hergebrachten Formen, sondern zu freier

Geistestätigkeit erzogen worden ist, eben darum wird er sich von dem oft widersinnigen Gebrauche, der alle Betriebsamkeit lähmt und alles Gelingen vereitelt, frei machen, seinen eigenen bessern Weg gehen, sein ganzes Gewerbe vervollkommnen, und als Vorbild einer bessern Handlungsweise die Welt zur Nachahmung reizen; wodurch auch allererst eine stets fortschreitende Vervollkommnung der Welt in allen ihren Geschäften denklich wird.

So wirkt der Schüler dieser Schule schon als Geschäftsmann für das Beste der Welt; aber er wirkt noch mehr als Staatsbürger und als Patriot. Wenn das Vaterland Rat und Unterstützung bedarf, wenn Unternehmungen befördert werden sollen, wenn das Privatwohl dem Gemeinwohl aufgeopfert werden muß, wenn das Vaterland in Gefahr ist und nur durch Verstand und Heldenmut gerettet werden kann; dann läßt sich erwarten, daß Männer, die von Jugend auf zur Weisheit gebildet, durch die Vorbilder des classischen Altertums für alles Große und Edle erwärmt und durch Tugend und Religion zur uneigennützigen Pflichterfüllung aufgeregt wurden, mit Rat und Tat, selbst mit Aufopferung des Lebens helfen und retten werden. Und wer sollte überhaupt als Mensch mehr für Wahrheit und Recht, mehr für alles Schöne und Gute tun, wer sollte der Menschheit als würdigeres Vorbild in jeder Tugend vorleuchten, als ***der*** Mann, der seine ganze Jugendzeit in der Schule der Humanität verlebte, und zur Vernunft, zum Edelsinn und zur Gottesfurcht erzogen ward.

aus: Dokumente des Neuhumanismus 1, bearbeitet von Rudolf Joerden, 2, Auflage 1962, S.82ff

VI. Aufgaben:

1. **Legen Sie die zentralen Thesen Jachmanns dar, indem Sie auch seine Argumentation herausarbeiten!**

2. **Erläutern Sie die Bedeutung der Ideen Jachmanns (bzw. von Vertretern ähnlicher Ideen) für die Schulentwicklung im 19. Jahrhundert!**

3. **Erörtern Sie, ob und inwieweit die Überlegungen Jachmanns für eine Reflexion der Aufgaben der Schule der Gegenwart bedeutende Anstöße geben könnten.**

VII. Spezifische inhaltliche Voraussetzungen für die Bearbeitung der Aufgaben:

- Grundlegendes Wissen zur Schulgeschichte zur Zeit der „Aufklärung“
- Kenntnisse in Ansätzen im Hinblick auf Humboldts Begründungen für ein „humanistisches Gymnasium“ sowie der Argumente seiner Kontrahenten
- Wissen in Grundzügen zur Geschichte der deutschen Schule, insbesondere des Gymnasiums
- Einblicke in bildungspolitische Auseinandersetzungen um die Aufgaben der Schule in Vergangenheit und Gegenwart
- Einsicht in die Interessenorientierungen von Vertretern unterschiedlicher bildungspolitischer Standpunkte

VIII. Angaben zum Erwartungshorizont:

Erwartungen zu Teilaufgabe 1:

1. durch die Aufgabenbearbeitung nachzuweisende Standards:

Kompetenzbereiche, Anforderungen, Kompetenzen			
A	**B**	**C**	**D**
1.1 2.2		1.4 2.5	1.3

Kompetenzfundierende Inhalte			
a	**b**	**c**	**d**
5.2 5.7 5.9		1.3 1.4	1.1

1. spezielle Leistungserwartungen an die Aufgabenbearbeitung:

Die Schülerinnen und Schüler
- geben einen Text aus der pädagogischen Tradition vom Beginn des 19. Jahrhunderts in seinen zentralen Aussagen wieder, indem sie z.B.
  - Jachmanns Verständnis der Welt als „Sinnenwelt" und der Schule als einer „Geistesverbindung" darlegen,
  - die unterschiedliche Bestimmung des Verhältnisses von Schule zur Welt („subordiniertes", „coordiniertes", „präordiniertes") herausstellen,
  - Prämissen und Wertungen des Autors benennen,

- die Bedeutung von „Vernunfterkenntnis“, „Altertumswissenschaft“ und „Religion“ für schulische Lernprozesse darlegen,
- die besondere Hoffnung Jachmanns bzgl. der Folgen einer entsprechenden schulischen Bildung und Erziehung für das nachschulische Leben der jeweiligen Schulabsolventen herausstellen.

Sie
- greifen auf ihr Vorwissen zu bildungstheoretischen Auseinandersetzungen und zur Schulgeschichte zu Beginn des 19. Jahrhunderts zurück, indem sie z.B.
  - die besondere Bedeutung des Hinweises des Autors auf das „philosophische Jahrhundert“ herausstellen,
  - pädagogische und politische Erwartungen an die Schulen als Orte der Vorbereitung für die Bewältigung von berufs- und standesspezifisch unterschiedlichen Aufgaben und Anforderungen der bürgerlichen Lebenswelt darlegen.

Erwartungen zu Teilaufgabe 2:

1. durch die Aufgabe nachzuweisende Standards:

Kompetenzbereiche, Anforderungen, Kompetenzen			
A	**B**	**C**	**D**
1.1 2.1 3.3 3.4	2.3	2.5 2.6 2.7 3.5	1.5 1.6 2.3 3.1

Kompetenzfundierende Inhalte			
a	**b**	**c**	**d**
2.2 2.3 3.5 5.2 5.3 5.9	1.1 2.1	1.3 1.4	1.1 1.2

2. spezielle Leistungserwartungen an die Aufgabenbearbeitung

Die Schülerinnen und Schüler
- reflektieren die Ideen Jachmanns unter Berücksichtigung der Entwicklung des preußischen Gymnasiums und von Theorieentwürfen zum Gymnasium im 19. Jahrhundert, indem sie z.B.
  - die Ideen und Forderungen Jachmanns in den Kontext der bildungstheoretischen Auseinandersetzungen zu Beginn des 19. Jahrhunderts (Humboldt, Süvern, Beckedorff) einordnen (I – II),
  - Wissen um die Auseinandersetzungen um das Gymnasium im 19. Jahrhundert (Kritik am altsprachlichen Gymnasium; Anerkennung des Realgymnasiums etc.) heranziehen (I);
- beachten Unterschiede zwischen Aussagen der Theoriediskussion und der Realgeschichte der deutschen Schule, indem sie z.B.
  - die mit den bildungstheoretischen Ideen der preußischen Schulreformer verbundenen nationalen wie übernationalen Hoffnungen erläutern (I – II),
  - auf die tatsächliche Schülerschaft des Gymnasiums im 19. Jahrhundert Bezug nehmen (I),

  - die Ideen Jachmanns in den Kontext der realen technischen und ökonomischen Entwicklungen im 19. Jahrhundert einordnen (I);
- arbeiten mögliche Auswirkungen der bildungstheoretischen Ideen Jachmanns (und von Vertretern ähnlicher Auffassungen) in Deutschland im 19. Jahrhundert heraus. (II)

Erwartungen zu Teilaufgabe 3:

1. durch die Aufgabenbearbeitung nachzuweisende Standards:

Kompetenzbereiche, Anforderungen, Kompetenzen			
A	**B**	**C**	**D**
2.2	3.1	2.1	2.1
2.3	3.2	2.2	2.2
3.3		2.5	3.1
3.4		2.6	3.2
3.5		2.7	3.3
3.6		3.3	3.4
		3.5	3.5
		3.8	3.8
			3.9

Kompetenzfundierende Inhalte			
a	**b**	**c**	**d**
2.2 2.3 3.2 3.3 3.5 5.2 5.8 5.9 8.9	1.1 1.3	1.3	1.1 1.2 2.1

2. spezielle Leistungserwartungen an die Aufgabenbearbeitung:

Die Schülerinnen und Schüler
- prüfen die Bedeutung traditioneller pädagogischer Ideen für die Gegenwart (II),
- setzen sich mit der Frage nach der Bedeutung der bildungstheoretischen Entwürfe des 19. Jahrhunderts für gegenwärtige pädagogische Auseinandersetzungen auseinander (II – III).

Sie
- vergleichen traditionelle und aktuelle Bildungskonzepte, indem sie z.B.
  - Kenntnisse gegenwärtiger bildungspolitischer Konzepte und Forderungen heranziehen (II),
  - aus theoretischen Einsichten Konsequenzen für (bildungspolitische) Schlussfolgerungen bzw. Forderungen ziehen (III),
  - sich mit aktuellen Aufgaben der schulischen Bildung in der Gegenwart auseinandersetzen (II – III),

- die möglichen Folgen bestimmter pädagogischer Entscheidungen erörtern (II – III),
- die Frage diskutieren, wie konkret schulische Bildung auf nachschulische Anforderungen des gesellschaftlichen Lebens vorbereiten sollte (III),
- die Frage nach den Inhalten schulischen Unterrichts problematisieren (III).

Sie
- bewerten bildungspolitische Ideen und Forderungen von eigenen Wertmaßstäben her (III),
- erörtern unterschiedliche Argumente für und gegen eine „klassische“ humanistische Bildung (III),
- entwickeln und erörtern Alternativen zu einer „klassischen Bildung“ in den Schulen der Gegenwart (III),
- prüfen die Frage nach Aufgabe und Berechtigung oder Notwendigkeit „gymnasialer Bildung“ im 21. Jahrhundert (III).

IX. Hinweise zur Benotung:

(a) Voraussetzungen für die Note „ausreichend“:

Aufgabe 1:
- sachgerechte Wiedergabe der zentralen Thesen und Argumente Jachmanns
- Darstellen seiner Aussagen in eigenen Worten
- Berücksichtigen seiner Vorschläge für die Gestaltung von Unterricht

Aufgabe 2:
- grundlegende Kenntnisse zu bildungstheoretischen Überlegungen am Beginn des 19. Jahrhunderts
- grundlegende Kenntnisse zur Geschichte des Gymnasiums im 19. Jahrhundert

- Wissen um die Hochschätzung des „Altertums“ in Konzepten der „klassischen“ Bildungstheorien
- begründetes Nachdenken über widersprüchliche Verläufe von Reformversuchen bzgl. des Schulwesens im 19. Jahrhundert
- Erläutern der Auseinandersetzung um „klassische“ oder „realistische“ Bildung in den Schulen
- Berücksichtigen der tatsächlichen vielfältigen Voraussetzungen für den Besuch der unterschiedlichen Schulen im 19. Jahrhundert

Aufgabe 3:

- Berücksichtigen der zentralen Standpunkte in der Auseinandersetzung um die Schule der Gegenwart
- Berücksichtigen der gegenwärtigen bildungspolitischen Maxime, die Vermittlung von Kompetenzen statt von Inhalten zu favorisieren
- begründetes Fragen nach einer Rechtfertigung eines Unterrichts mit „klassischen“ Inhalten
- Einbeziehen der grundsätzlichen Frage nach den fundamentalen Aufgaben der Schule in der Gegenwart
- Erarbeiten einer eigenen Stellungnahme unter Hinzuziehen fachlichen Wissens

(b) Voraussetzungen für die Note „gut“:

Aufgabe 1:

- strukturierte Erarbeitung der Thesen und Argumente Jachmanns
- Berücksichtigen von bedeutenden Einzelargumenten (philosophisches Jahrhundert, Hinweis auf positive Auswirkungen der präordinierten Schule für das Gemeinwesen, etc.)
- Erkennen des argumentativen Aufbaus
- Erläutern zentraler Begriffe innerhalb der Argumentation Jachmanns

- Nennen und Erläutern der zentralen Inhalte einer schulischen Bildung in einer präordinierten Schule

Aufgabe 2:

- differenzierte Kenntnisse zu (kontroversen) bildungstheoretischen Überlegungen am Beginn des 19. Jahrhunderts
- Wissen um die Auseinandersetzungen um das Gymnasium im 19. Jahrhundert und auch um die Ursachen und Motive für diese Auseinandersetzungen
- vertieftes wie kritisches Nachdenken über das Postulat einer „klassischen" Bildung im 19. Jahrhundert
- Reflektieren der unterschiedlichen sozialen Voraussetzungen und gesellschaftlichen Bedingungen im Kontext der Auseinandersetzung um die Schule, besonders des Gymnasiums, im 19. Jahrhundert
- Würdigung der Ideen Jachmanns mit Blick auf die Auswahl von Unterrichtsinhalten im Gymnasium

Aufgabe 3:

- Reflexion der gegenwärtigen gegensätzlichen Standpunkte zu den Aufgaben der Schule im 21. Jahrhundert
- Berücksichtigen aktueller bildungspolitischer Tendenzen und Forderungen
- differenzierte Würdigung der Forderung nach „klassischer Bildung" unter Einbeziehen der Realgeschichte des Gymnasiums in Deutschland
- Problematisieren der Schwierigkeit, pädagogisch bzw. bildungspolitisch noch einen Konsens bzgl. verbindlicher Inhalte für den schulischen Unterricht zu finden

- Erarbeiten einer eigenen begründeten Stellungnahme unter Berücksichtigung theoretischen sowie historischen Wissens
- Abschließende Wertung unter Offenlegung der eigenen Wertmaßstäbe

Kommentar zur Aufgabe Nr. 2:

(„Anstöße historischer Bildungstheorie für die Reflexion der Aufgaben von Schule“)

Die Aufgabe ist sicherlich in besonderer Weise geeignet, die Schwierigkeiten, welche sich mit der schulischen Standardisierung von Anforderungen ergeben, zu verdeutlichen.

Zunächst können die in den drei Teilaufgaben formulierten Erwartungen belegen, dass es nicht sinnvoll ist, in den Erwartungshorizonten methodische und inhaltliche Kompetenzen voneinander zu trennen. Wenn etwa gefordert wird, ein Schüler bzw. eine Schülerin sollte die Bedeutung traditioneller pädagogischer Konzepte für die Gegenwart einschätzen können, so setzt das deren inhaltliche Kenntnis voraus: Die Fähigkeit zu urteilen oder zu werten ist ohne entsprechendes fachspezifisches Wissen qualitativ nicht zu erfassen. Auch die Fähigkeit, zwischen theoretischen Aussagen und realen Gegebenheiten zu unterscheiden, ist ohne detaillierte Kenntnisse nicht auszubilden und nicht zu überprüfen.

Umgekehrt ist ein kritisches Nachdenken über die Bedeutung der bildungstheoretischen Entwürfe des frühen 19.

Jahrhunderts für die Gegenwart nicht ohne die Fähigkeit denkbar, eigenständig Beurteilungs- und Wertungskriterien zu entwickeln. Diese Fähigkeit entsteht wiederum nicht an beliebigen unterrichtlichen Stoffen.

In diesem Sinne kann diese zweite Aufgabe daran erinnern, dass schulische Bildung weder primär formal noch primär material sein darf, sondern im Sinne Klafkis „kategoriale Bildung“ sein muss. Nur so lassen sich sinnvoll Aufgaben konstruieren und nur so lässt sich sinnvoll in der Schule lehren und lernen.

Ein gravierenderes Problem der Aufgabe beruht darin, dass ihre Bearbeitung historische fachspezifische Kenntnisse voraussetzt. Schülerinnen und Schüler können diese Aufgabe nur bearbeiten, wenn sie sich zumindest ansatzweise mit bildungstheoretischen Schriften des ausgehenden 18. und beginnenden 19. Jahrhunderts beschäftigt haben. Sie müssen darüber hinaus Grundlagenwissen über die Geschichte der Schule und insbesondere über die Geschichte des Gymnasiums im 19. Jahrhundert erworben haben.

Die vorgeschriebenen Themen für die Abiturientinnen und Abiturienten ab dem Jahre 2007 in NRW beinhalten zwar auch das Thema „Schule“, beschränken sich aber auf die jüngere Schulgeschichte von 1960 bis zur Gegenwart. In diesem Sinne könnte und dürfte man die vorliegende Aufgabe für Schülerinnen und Schüler in NRW unter den gegebenen Bedingungen nicht stellen. Wie aber sollen Schülerinnen und Schüler z.B. über die Bedeutung des Gymnasiums in der Gegenwart fundiert und begründet nachdenken, wenn sie nicht wissen, wie diese Schulform entstanden ist und wie diese Schulform zunächst legitimiert wurde? Insofern kann diese Aufgabe auch die Frage aufwerfen, auf welchem fachlichen Fundament Themen notwendigerweise behandelt werden müssten, wenn sich der konkrete Unterricht im Fach Pädagogik nicht auf einen Austausch von eher willkürlichen Standpunkten beschränken soll.

Das schulische Unterrichtsfach Pädagogik lässt sich als eigenständiges Schulfach in allen Schulformen und in allen höheren Schulstufen nur durch seinen Wissenschaftsbezug legitimieren. Das aber setzt voraus, dass in diesem Sinne auch die Themen hinreichend fundiert wissenschaftsbezogen behandelt werden.

Die Sprache des Textes von Jachmann ist zweifellos den Schülerinnen und Schülern zunächst eher fremd. Sie müssen sich insofern sicherlich in einen solchen Text schrittweise einarbeiten. Andererseits enthält der Texte eine klare argumentative Struktur und klar bezeichnete Thesen. Dazu ist anzumerken, dass es Ziel der gymnasialen Oberstufe sein sollte, die Lesefähigkeit der Schülerinnen und Schüler so zu fördern, dass sie sich auch für sie zunächst fremde Texte erarbeiten und sie zunehmend „verstehen" können. Gerade in diesem Sinne würde der Text eine sehr sinnvoll Abituraufgabe darstellen. Allerdings setzt das voraus, dass das Studieren solcher Texte im Unterricht zuvor eingeübt wurde. Dies sollte indessen für einen Unterricht im Fach Pädagogik, der das Attribut „wissenschaftspropädeutisch" verdient, selbstverständlich sein. In inhaltlicher Hinsicht lässt sich argumentieren, dass Schülerinnen und Schüler, welche einen Leistungskurs Pädagogik belegt haben, erkennbar mehr Wissen zu bildungspolitischen Fragen haben sollten als solche, welche in ihrem Urteil über die Schule eher dem „common sense" folgen. Zu diesem Wissen gehören zweifelsfrei auch Grundkenntnisse der Geschichte des allgemeinbildenden Schulwesens in Deutschland.

Die erfolgreiche Bearbeitung der Aufgabe durch die Schüler kann als Beleg dafür fungieren, dass der Pädagogikunterricht die Möglichkeit hat, auf der Basis erziehungswissenschaftlich fundierten Wissens ein problembewusstes Nachdenken über bildungspolitische Fragen einzuleiten.

Die einzelnen Teilaufgaben offenbaren die Schwierigkeit, im Hinblick auf höhere Anforderungen eindeutige Erwartungshorizonte zu formulieren. Denn die skizzierten Horizonte halten die Möglichkeit unterschiedlicher Schwerpunktsetzungen beim Lösen der Aufgaben offen. Insofern dürfen die hier angebotenen Lösungen nur als *mögliche Lösungen*, nicht aber als *obligatorische Erwartungen* verstanden werden.

So wird etwa im Hinblick auf den Gesichtspunkt einer „Reflexion möglicher Folgen bestimmter pädagogischer Entscheidungen" im Erwartungshorizont der dritten Teilaufgabe („Erörtern Sie, ob und inwieweit die Überlegungen Jachmanns für eine Reflexion der Aufgaben der Schule der Gegenwart bedeutende Anstöße geben könnten") auf die Möglichkeit verwiesen, in diesem Kontext nach der „Bedeutung der Erziehung für die Fortentwicklung der demokratischen Gesellschaft" zu fragen oder das „Verhältnis der Erziehungspraxis zu anderen gesellschaftlichen Praxen" zu thematisieren. Dadurch werden zwei sinnvolle Gesichtspunkte für die vertiefend-reflexive Bearbeitung der Teilaufgabe benannt. Das darf aber nicht bedeuten, dass eine Arbeit, in welcher z. B. einer dieser beiden oder auch beide Gesichtspunkte nicht berücksichtigt werden, eo ipso schlechter beurteilt werden müsste. Zudem bleibt die Frage unbeantwortet, wie weitreichend und vertiefend die geforderte Reflexion des Textes auf Anstöße für die heutige bildungstheoretische und bildungspolitische Diskussion zu sein hat, um z. B. als eine „ausreichende" oder „gute" Leistung anerkannt zu werden.

Diese Frage ist nur ein Beispiel für die generelle Problematik, ob bzw. wie durch anspruchsvolle Arbeitsaufträge Leistungen von Schülerinnen und Schülern einigermaßen objektiv überprüft werden können. Vor dem Hintergrund dieser Problematik muss weiterhin gefragt werden, ob sich schulische Leistungserwartungen überhaupt als sog. „harte Standards“ formulieren lassen oder ob man es nicht – insbesondere in den geistes- und sozialwissenschaftlichen Fächern – mit „weichen“ Standards bewenden lassen sollte. Denn hier geht es über den Erwerb und den Nachweis solider Kenntnisse und Fähigkeiten (die sich relativ einfach in Tests überprüfen lassen) hinaus um Kompetenzen, deren Nachweis sich nicht standardisieren lässt. Wenn den Schülerinnen und Schülern z. B. ein abwägendes Denken abverlangt wird, kann und darf durch die Formulierung von Erwartungshorizonten das Ergebnis dieses Nachdenkens nicht antizipiert werden. Allerdings wäre, um nicht der Willkür Tor und Tür zu öffnen, zu fragen, ob es nicht Kriterien gibt, anhand derer unterschiedliche Ergebnisse des Nachdenkens qualitativ unterschieden werden können.

Die weiten Spielräume, die den Schülerinnen und Schülern bei der Bearbeitung der vorliegenden Aufgaben belassen werden, sind im Hinblick auf zentrale Leistungserhebungen auch deshalb unverzichtbar, weil bisher von sehr unterschiedlichem Vorwissen und unterschiedlichen unterrichtlichen Voraussetzungen ausgegangen werden muss.

Im Hinblick auf eine stärkere Vereinheitlichung müsste vorab jeder Einführung zentraler Prüfungen z. B. im Hinblick auf die hier zu kommentierende Aufgabe geklärt werden, welches Wissen über die Schulentwicklung im 19. Jahrhundert die Schülerinnen und Schüler erworben haben sollten, um die Teilaufgaben kompetent und fundiert bewältigen zu können. Dann wäre zu fragen, wie konkret Unterrichtsinhalte im Hinblick auf bestimmte thematische

Schwerpunkte (hier die Schulgeschichte) vorgeschrieben werden sollten. Darüber hinaus müsste auch der methodische Erwerb dieses Wissens bedacht werden. Dazu wäre die Klärung erforderlich, ob im Vordergrund einer Prüfung der Nachweis weitreichenden Faktenwissens oder der Fähigkeit stehen sollte, reflektiert mit den eigenen Wissensbeständen umzugehen.

Um es am Beispiel der zweiten Teilaufgabe zu präzisieren: Diese verlangt sicherlich, dass Ideen der Pädagogik der Aufklärung und besonders auch der Pädagogik des Neuhumanismus‘ im Unterricht behandelt wurden. Es würde ggf. ausreichen, wenn diese Ideen exemplarisch an vielleicht nur jeweils einem Vertreter für eine entsprechende pädagogische Ausrichtung erarbeitet worden wären.

Ähnlich setzt die Aufgabe nicht voraus, dass die deutsche Schulgeschichte des 19. Jahrhunderts detailliert Behandlung gefunden haben müsste. Sicherlich müsste besprochen worden sein, dass das Gymnasium im Sinne Humboldts niemals Wirklichkeit wurde und dass faktisch das Gymnasium primär als Instrument der sozialen Selektion in Deutschland Bedeutung gewann.

Weiter sollte zumindest ansatzweise angesprochen worden sein, dass der Streit um die Bedeutung der „Realien“ nicht nur im Gymnasium im gesamten 19. Jahrhundert kontinuierlich hohen Stellenwert gewann. Letztlich besteht dieser Streit ja bis in die Gegenwart fort, wenn dies auch unterdessen nicht immer bewusst ist und offengelegt wird. Dagegen wäre es zur Bearbeitung dieser Teilaufgabe nicht notwendig, die deutsche Schulgeschichte detailliert in ihrem konkreten Verlauf zu kennen. Vielmehr kann diese – ebenso wie die Theoriegeschichte –nur in exemplarischer Form behandelt werden, um die historische Dimension zentraler Konflikte um die Entwicklung der Schule erkennen zu können und so einem verkürzten Problemverständnis vorzubeugen. Insofern ist eine solche Aufgabe, wie sie hier vorgestellt wird, nur in einem Pädagogikunterricht möglich, der im Sinne Klafkis exemplarisch, elementar und fundamental ausgerichtet ist.

Die beschriebene Problematik gilt ähnlich mit Blick auf die dritte Teilaufgabe. Bei dieser wird zudem deutlich, dass ein eng gefasster und standardisierter Erwartungshorizont massiv die Möglichkeiten der Schülerinnen und Schüler eingrenzen würde, einen eigenen Standpunkt zu entwickeln und vorzustellen. Vielmehr erhalten sie durch die Aufgabe die notwendige Freiheit, die so weit reicht, dass beispielsweise von einem Schüler die Auffassung vertreten werden darf, dass aus der Pädagogik des Neuhumanismus‘ für die Gegenwart keinerlei bedeutende Anregung erwachsen könne. Diese Auffassung muss dem Schüler, auch wenn sie vom Aufgabensteller nicht geteilt wird, zugestanden werden und darf, sofern sie differenziert begründet wird, keinen Einfluss auf die Benotung haben.

Im Hinblick auf diese dritte Teilaufgabe ist ferner festzustellen, dass die Schule der Gegenwart aus unterschiedlichen Perspektiven in den Blick genommen werden kann und dass die Aufgabenstellung diese Perspektiven zunächst nicht eingrenzt. Insofern wird auch nicht vorgegeben, welche Aufgaben der Schule als primäre zu gelten haben und deshalb in der Arbeit behandelt werden sollten. Diese Offenheit ist zum einen geboten, weil die Antwort auf diese Frage auch innerhalb der Erziehungswissenschaft umstritten ist. Insofern wäre eine Eingrenzung des Reflexionshorizontes auf vorgegebene Aufgaben schon aus fachwissenschaftlicher Sicht problematisch. Zugleich wäre eine solche Eingrenzung des Reflexionsraumes, die das Ziel hätte, eine bessere Vergleichbarkeit der Schülerleistungen zu ermöglichen, nur um den Preis einer Engführung oder vielleicht sogar einer einseitigen Kanalisierung des pädagogischen Nachdenkens zu realisieren.

Allgemein gesagt: Jeder enge Erwartungshorizont im Hinblick auf Aufgaben, welche den Anforderungsbereich III betreffen, beinhaltet die Gefahr, Schülerinnen und Schüler zu einseitigen oder einseitig betrachtenden Bearbeitungen von Aufgaben zu drängen. Damit wäre Unterricht im Fach Erziehungswissenschaftlich letztlich auf fragwürdige Weise affirmativ.
Pädagogische Reflexion als eine auf nur wenige konkret vorgegebene Gesichtspunkte verkürzte Reflexion ist aber nicht mehr pädagogische Reflexion. Besonders das Fach Pädagogik verlangt die Berücksichtigung unterschiedlicher Perspektiven und auch unterschiedlichen Wissens. Damit kann die Pädagogik zwar einerseits niemals auf „sichere" und unbestreitbare erzieherische „Wahrheiten" verweisen, sie kann aber andererseits Möglichkeiten und Wege eröffnen, dass Schüler in einem niemals abzuschließenden Prozess der „Aufklärung über Erziehung" lernen, in pädagogischen Fragen selbst begründet zu urteilen und zu werten (und damit auch pädagogisch handlungsfähiger zu werden).

Wenn man Schülerinnen und Schülern im Sinne der Aufgabenstellung inhaltliche Freiräume einräumt, darf das auf keinen Fall bedeuten, dass es ihnen erlaubt sein sollte, die Aufgabe in willkürlicher und nur subjektiver Weise zu bearbeiten. So müssen sie z. B. begründet darlegen, worin sie die „Aufgaben der Schule der Gegenwart" sehen und diese Aufgaben zumindest in Ansätzen erläutern. Weiter müssen sie konkret und sorgsam auf die Überlegungen Jachmanns eingehen. Sie können ihr Urteil über die Bedeutung der Überlegungen Jachmanns also nur auf der Basis einer intensiven Reflexion dieser Ideen formulieren. Das wiederum können sie nur, wenn sie das Erarbeiten, Reflektieren, Beurteilen und Bewerten von Überlegungen der pädagogischen Tradition gelernt und eingeübt haben. Sie müssen darüber hinaus die Fähigkeit gewonnen haben, Aussagen und Ideen, die mit Blick auf eine vergangene Wirklichkeit formuliert wurden, sachgemäß auf die eigene Gegenwart zu beziehen.

Sicherlich würden Schülerinnen und Schüler im Rahmen dieses immer noch sehr offenen Anforderungshorizontes sehr Unterschiedliches sagen bzw. schreiben. Das aber muss nicht zwangsläufig bedeuten, dass ihre Leistungen nicht vergleichbar wären. Vielmehr liefern z. B. die folgenden Fragen sinnvolle Kriterien für qualitative Leistungsvergleiche:

- Werden die Überlegungen des Bezugstextes (hier: Jachmann-Text) hinreichend sorgfältig wiedergegeben?
- In welcher Breite und Tiefe nutzen die Schülerinnen und Schüler Theoriewissen?
- Können die Schülerinnen und Schüler Theoriewissen und differenziertes Erfassen von Theoriewissen unter Beweis stellen?
- Inwieweit werden die Aussagen theoriegeleitet entwickelt und erläutert?
- Können die Schülerinnen und Schüler Wissen über die gegenwärtige Schule und auch Wissen über ihre jüngere Geschichte nachweisen?
- Werden die „Aufgaben der Schule der Gegenwart" nur dargelegt, oder wird auch begründet, warum diese die primären Aufgaben der Schule sein sollten?
- Gelingt es, die Aussagen des Textes aus dem beginnenden 19.Jahrhunderts sinnvoll auf die Gegenwart des 21. Jahrhunderts zu beziehen?
- Beruhen die Urteile der Schülerinnen und Schüler auf dem Abwägen unterschiedlicher Argumente?

Solche Kriterien sind sicherlich geeigneter als in enger Weise vorformulierte inhaltliche Erwartungshorizonte, die Schülerleistungen bei der Bearbeitung anspruchsvollerer Aufgaben zu überprüfen. Mehr noch: Im Pädagogikunterricht können solche Kriterien nicht nur vom Lehrer an Schülerleistungen angelegt werden, sondern sie können mit den Schülern so behandelt werden, dass sie diese internalisieren und zunehmend bei ihren Ausarbeitungen als Regulative zu beachten lernen.

Aufgabe Nr. 3:

I. Thema: **Die Bedeutung positiver Bindungserfahrungen**

II. Jahrgangssstufe: 12/1

III. Kursart: Grundkurs

IV. Aufgabentypus: materialgebunden, untergliedert, schriftlich

V. Textgrundlage:

Ursula Nuber: Der lange Schatten der Kindheit

(In: *PSYCHOLOGIE HEUTE*. JANUAR 2005, S. 26 f.)

Die ersten drei Lebensjahre sind entscheidend: Macht das Kind in dieser Zeitspanne mit seiner engsten Bezugsperson positive Bindungserfahrungen, dann entwickelt es psychische Sicherheit. Und die wiederum ist der Schlüssel zu Gesundheit und Lebensglück, wie beeindruckende Langzeitstudien belegen. [...]

„Bindungen sind veränderlich!"

Gute Erfahrungen mit anderen Menschen geben Sicherheit

Dass sich die Bindungserfahrungen der frühen Jahre auf die spätere Partnerschaft eines Menschen auswirken können, hat [...] Jörg Schumacher vom Institut für Medizinische Psychologie der Universität Jena nachgewiesen.

Zusammen mit Kollegen bat er 1509 Personen, sich an das Erziehungsverhalten ihrer Eltern zu erinnern. Gefragt wurde nach „Ablehnung und Strafe“ (zum Beispiel: „Wurden Sie von Ihren Eltern hart bestraft, auch für Kleinigkeiten?“), nach dem erinnerten Ausmaß „emotionaler Wärme“ („Wurden Sie von Ihren Eltern getröstet, wenn Sie traurig waren?“) und nach „Kontrolle und Überbehütung“ („Lehnten Ihre Eltern die Freunde und Kameraden ab, mit denen Sie sich gerne trafen?“). Zusätzlich wurde die Qualität der aktuellen Partnerschaft erfasst.

Die Zusammenhänge zwischen frühen erinnerten Erfahrungen mit Bindungen und späterer Zufriedenheit in der Partnerschaft fielen zwar nicht stark aus, waren aber „von der Tendenz her“ eindeutig, wie das Forscherteam berichtet: Wer das elterliche Erziehungsverhalten als negativ erinnert, hat häufig Probleme in der Partnerschaft. Er fühlt sich wenig akzeptiert, kann sich nur schwer öffnen und sucht in Notzeiten weniger Trost beim anderen. Eine positive, sichere Bindung an die Eltern scheint dagegen eine gute Grundlage für eine sichere partnerschaftliche Beziehung zu sein.

Zu diesem Schluss kommt auch das Forscherpaar Grossmann aufgrund seiner langjährigen Studien: Kinder, die feinfühlige Eltern hatten, „entwickeln sich zu Erwachsenen, die selbst feinfühlig gegenüber den Bindungsbedürfnissen ihrer Partner sind und die Bindungsbeziehungen wertschätzen“.

Bindungssicheren gelingen nicht nur bessere Beziehungen, sie geben ihre Sicherheit auch an ihre Kinder weiter, berichtet Karl-Heinz Brisch von einem weiteren Ergebnis der Bindungsforschung. Danach haben Mütter, die Bindungen für wertvoll halten, „mit 75 Prozent Übereinstimmung“ auch bindungssichere Einjährige. Umgekehrt zeigen die meisten Kleinkinder von bindungsabwertenden

Müttern im Alter von einem Jahr ebenfalls psychische Unsicherheit. Die Weitergabe von Bindungssicherheit lässt sich auch für die Vater-Kind-Beziehung feststellen, „wenn auch nicht mit gleicher Intensität“, so Brisch.

Ist Bindung also Schicksal? Kann die früh entwickelte Bindungsqualität nicht verändert werden? Frühe Einflüsse bahnen den Weg zu psychischer Sicherheit oder Unsicherheit – „aber sie legen noch nichts fest“, beruhigen Karin und Klaus Grossmann. „Bindung ist veränderlich!“, davon ist auch Inge Seiffge-Krenke, Professorin für Psychologie an der Universität Mainz, überzeugt. Und zwar sind Veränderungen zum Positiven wie zum Negativen denkbar: Ein bindungssicheres Kind kann im Laufe seines Lebens unsicher im Hinblick auf die Verlässlichkeit von Bindungen werden, wenn es in seinem Leben viele enttäuschende Erfahrungen machen muss. Umgekehrt kann aus einem bindungsunsicheren Kind später ein durchaus psychisch sicherer Erwachsener werden, wenn er das Glück hat, gute Erfahrungen mit anderen Menschen zu machen. Zum Beispiel im Rahmen einer Psychotherapie: In einer Studie wurde der Bindungsstil von 82 Patienten vor Beginn und am Ende einer Therapie untersucht. Als Kontrollgruppe dienten 85 Erwachsene, die nicht in Therapie waren. Zu Beginn der Therapie konnten 50 Prozent der Kontrollpersonen als sicher gebunden eingestuft werden, aber nur neun Prozent der Therapiepatienten. Nach der therapeutischen Behandlung hatten vor allem jene Patienten, die vorher als unsicher-distanziert galten, an psychischer Sicherheit gewonnen.

Auch ein als positiv und unterstützend erlebter Liebespartner kann psychisch unsicheren Menschen zu neuen Beziehungserfahrungen verhelfen. Interessant ist in diesem Zusammenhang das Ergebnis einer Studie über die Partnerwahl von psychisch sicheren Menschen: Nur 50 Prozent von ihnen wählen einen ebenfalls bindungssicheren Partner; die andere Hälfte verliebt sich in einen bindungsunsicheren Menschen. Und verhilft diesem möglicherweise zu mehr psychischer Stabilität und Lebensglück. Denn davon war John Bowlby überzeugt: „Menschen jeden Alters wirken am glücklichsten und nutzen ihre Begabungen auf die vorteilhafteste Weise, wenn sie die Gewissheit haben, dass mindestens eine Person hinter ihnen steht, die ihr Vertrauen besitzt und ihnen zu Hilfe kommt, falls sich Schwierigkeiten ergeben."

VI. Aufgabenstellung:

1. **Geben Sie Nubers Aussagen zur Bedeutung von Erfahrungen in der frühen Kindheit für die Entwicklung von Bindungssicherheit möglichst strukturiert wieder!**

2. **Setzen Sie die These Nubers von der Bedeutung der frühen Kindheit für die Gewinnung von Bindungssicherheit in Beziehung zu anderen Theorien!**

3. **Entwerfen Sie theoriefundiert Möglichkeiten, die Gewinnung von Bindungssicherheit pädagogisch zu unterstützen!**

VII. spezifische inhaltliche Voraussetzungen für die Bearbeitung der Aufgaben:

Im Unterricht sollten zuvor behandelt worden sein:

- wissenschaftliche Erkenntnisse (Theorien, empirische Befunde) zur Entwicklung des Bindungsverhaltens (Bowlby, Ainsworth)
- Theorien der Entwicklung und Sozialisation in der Kindheit, in der Jugend und im

Erwachsenenalter (Erikson, Hurrelmann, Satir)
- Sozialisationsinstanzen und Erziehungsinstitutionen (Krippe, Hort, Kindergarten,
  Grundschule)
- pädagogische Prinzipien der Kinder- und Jugendarbeit.

VIII. Angaben zum Erwartungshorizont:

Es wird erwartet, dass die Schülerinnen und Schüler die zentralen Aussagen des Textes selbständig, sachgerecht und strukturiert wiedergeben, ihr Fachwissen (z.B. der Entwicklungstheorien Hurrelmanns und Eriksons und/oder der Bindungstheorie Bowlbys) aktivieren und sinnvoll auf einen neuen Kontext (Nuber) beziehen können. Da bei der Bearbeitung unterschiedliche Ansätze und Schwerpunktsetzungen möglich sind, werden in den Leistungserwartungen nur in exemplarischer Funktion mögliche Bezüge zu anderen Theorien und Modellen hergestellt. Dies gilt auch für die 3. Aufgabe, bei der neben der Entwicklung begründeter Perspektiven pädagogischen Handelns auch eine problematisierende Reflexion der Möglichkeiten und Grenzen pädagogischer Bemühungen möglich sein sollte.

Erwartungen zu Aufgabe 1:

1. durch die Aufgabenbearbeitung nachzuweisende Standards:

Kompetenzbereiche, Anforderungen, Kompetenzen			
A	**B**	**C**	**D**
1.1	1.1 2.4	1.3 1.4	1.5

Kompetenzfundierende Inhalte			
a	**b**	**c**	**d**
5.5 7.4 7.5		1.4	

2. spezielle Leistungserwartungen an die Aufgabenbearbeitung:

Die Schülerinnen und Schüler
- stellen die Bedeutung positiver frühkindlicher Bindungserfahrungen für den weiteren Lebensverlauf heraus (I)
- betonen die Möglichkeit der Veränderung frühkindlicher Bindungserfahrungen durch einen positiv erlebten Liebes- bzw. Lebenspartner (I)
- legen dar, dass die Bindungssicherheit von Eltern sich positiv auf die Bindungssicherheit der Kinder auswirkt (I).

Erwartungen zu Aufgabe 2:

1. durch die Aufgabenbearbeitung nachzuweisende Standards:

Kompetenzbereiche, Anforderungen, Kompetenzen			
A	**B**	**C**	**D**
1.2 1.3 2.2 3.2	2.4	1.1 1.3 2.1 2.3	1.5 2.2

Kompetenzfundierende Inhalte			
a	**b**	**c**	**d**
5.1 7.1 7.4 7.5		1.4	

2. spezielle Leistungserwartungen an die Aufgabenbearbeitung:

(a) Die Schülerinnen und Schüler

- setzen Nubers Thesen in Beziehung z.B. zu Bowlbys und Ainsworths Studien zur Entwicklung
- erläutern unterschiedliche Bindungsqualitäten (II)
- verdeutlichen zentrale Bedingungen für die Entwicklung von Bindungssicherheit (I – II)
- arbeiten die Bedeutung von Bindungssicherheit für die gesamte Persönlichkeitsentwicklung heraus, indem sie z. B. darauf hinweisen, dass Menschen jeden Alters am glücklichsten wirken und ihre Begabungen am besten nutzen, „wenn Sie die Gewissheit haben, dass mindestens eine Person hinter ihnen steht“ (Bowlby) (II).

(b) Sie

- stellen den Nuber-Text als einen eher populärwissenschaftlichen Text mit deutlich essayistischen Anteilen den ihnen bekannten wissenschaftlichen Texten zur Bindungstheorie gegenüber (II)
- setzen Nubers Thesen zu anderen für die Entwicklung von Bindungssicherheit relevanten (Entwicklungs-, Lern-, Sozialisations-) Theorien in Beziehung (II), indem sie z. B.

  □ den Zusammenhang von Urvertrauen (Erikson) und Bindungssicherheit herausarbeiten

□ die Wichtigkeit von Bindungssicherheit für eine positive Entwicklung in weiteren Entwicklungsphasen (z. B. Eriksons Phasen 4, 5 und 6) verdeutlichen
□ die Bedeutung des Modell-Lernens für die Gewinnung von Bindungssicherheit erläutern
□ die Entwicklungsaufgaben nach Hurrelmann auf Nubers Thesen beziehen und dabei insbesondere die Bedeutung von Bindungssicherheit für den Aufbau emotionalen Grundvertrauens und sozialer Kompetenz herausarbeiten.
□ verdeutlichen, dass zum Aufbau von Bindungssicherheit „neben individuellen Bewältigungsfähigkeiten auch wirkungsvolle und vielseitige soziale Unterstützungen durch wichtige Bezugspersonen“ (Hurrelmann) erforderlich sind.

Erwartungen zu Aufgabe 3:

1. durch die Aufgabenbearbeitung nachzuweisende Standards:

Kompetenzbereiche, Anforderungen, Kompetenzen			
A	**B**	**C**	**D**
1.3 2.2 3.2 3.3 3.5 3.6	3.2	2.7 3.3 3.8	2.1 3.1 3.4 3.8

Kompetenzfundierende Inhalte			
A	**B**	**c**	**d**
2.3 5.5 7.1 7.4 7.5 7.6 8.2 8.3 8.7		1.4 3.1	2.1 2.2 2.4

2. spezielle Leistungserwartungen an die Aufgabenbearbeitung:

Die Schülerinnen und Schüler entwerfen auf der Grundlage des Textes und der bei der Bearbeitung von Aufgabe 2 herangezogenen Theorien und Modelle Perspektiven für eine pädagogische Praxis, die sich zum Ziel setzt, die Gewinnung von Bindungssicherheit zu unterstützen (III), indem Erzieher z. B.

- versuchen, als Modelle gelungener Bindungserfahrungen zu fungieren
- den Heranwachsenden die emotionale Geborgenheit und Sicherheit bieten, die diese zur Entwicklung eigener Bindungssicherheit unbedingt benötigen
- dem „Klammern" von Kindern durch dosierte Erfahrungen kurzfristiger Abwesenheit vorbeugen
- schon Kleinkindern positive Kontakte mit anderen Kindern ermöglichen
- die Bindungsbedürfnisse der Heranwachsenden registrieren und akzeptieren
- den Kindern und Jugendlichen nicht mehr Bindung abverlangen, als diese zu geben bereit sind

- ihnen die Freiheit belassen, die sie zum selbstbestimmten Aufbau eigener Bindungen benötigen
- die Integration der Heranwachsenden in möglichst unproblematische Gruppen unterstützen
- sich unaufdringlich, aber verlässlich als Anlaufstelle für die Kinder und Jugendlichen bei Bindungsproblemen anbieten.

IX. Hinweise zur Benotung:

(a) Voraussetzungen für die Note „ausreichend“:

Die Bearbeitung der gestellten Aufgaben weist zwar gewisse Mängel auf, genügt aber insgesamt den im Erwartungshorizont genannten Anforderungen.

Dies heißt für Teilaufgabe 1,
• dass die zentralen Aussagen des Textes erkannt und inhaltlich im Allgemeinen korrekt wiedergegeben werden.

Für Teilaufgabe 2 bedeutet dies,
• dass zumindest zwei sinnvolle Bezüge zu anderen Theorien (Lern-, Entwicklungs- und Sozialisationstheorien) hergestellt und diese zumindest ansatzweise erläutert werden.

Für Teilaufgabe 3 heißt dies,
• dass ausgehend von der Bearbeitung der Aufgaben 1 und 2 wenigstens einige Möglichkeiten pädagogischen Handelns skizziert und im Rückgriff auf Theorien zumindest ansatzweise begründet werden.

Bei allen Teilaufgaben müssen Verfahren und Begriffe überwiegend richtig angewendet und die Aussagen weitgehend auf die Aufgabe bezogen sein. Die Darstellung muss im Wesentlichen verständlich sein und eine erkennbare Gliederung aufweisen.

(b) Voraussetzungen für die Note „gut":

Die Bearbeitung der gestellten Aufgaben entspricht den im Erwartungshorizont genannten Anforderungen in vollem Maße.

Dies bedeutet für Teilaufgabe A1,
- dass der Text sachgerecht, differenziert und sinnvoll strukturiert wiedergegeben wird.

Für A2 bedeutet dies,
- dass mehrere sinnvolle Bezüge zu Lern-, Entwicklungs- und Sozialisationstheorien hergestellt und diese präzise und differenziert erläutert werden.

Für Teilaufgabe 3 heißt dies,
- dass ausgehend von der Bearbeitung der Aufgaben 1 und 2 unterschiedliche Möglichkeiten pädagogischen Handelns entwickelt werden
- dass diese theoriegestützt und differenziert begründet werden
- dass sie in abwägender Weise auf ihre Erfolgsaussichten, d. h. auch auf mögliche Risiken hin, reflektiert werden.

Die Aussagen müssen ganz überwiegend präzise formuliert, einleuchtend gegliedert und konsequent auf die jeweilige Teilaufgabe bezogen sein.

Kommentar zur Aufgabe Nr. 3 („Bindungen sind veränderlich!“)

Bei dem Beispiel handelt es sich um eine textgebundene, in Teilaufgaben untergliederte Aufgabe. Der Text ist aufgrund seines eher populärwissenschaftlichen Charakters leicht verstehbar. Er bietet auch leistungsschwächeren Schülerinnen und Schülern Möglichkeiten zu einer zutreffenden Reproduktion. Zugleich bietet er eine gute Grundlage für die Reorganisation des ihnen verfügbaren Theoriewissens, wobei er selbst Bezüge zur Bindungstheorie von Bowlby und Ainsworth nahelegt, aber auch sinnvolle Bezüge zu anderen Theorien (z. B. Erikson, Hurrelmann, Bandura) ermöglicht

Die in Teilaufgabe 1 geforderte methodische Kompetenz, sich einen Text unter einer pädagogischen Fragestellung zu erarbeiten und sach- und adressatengerecht darzustellen, ist relativ einfach überprüfbar und anhand vorher festgelegter Standards beurteilbar.

Dies sieht in der zweiten Teilaufgabe anders aus: Sie erfordert eine Beurteilung der vom Schüler hergestellten Theoriebezüge. Die Beurteilung ist jedoch nicht in gleichem Maße zu objektivieren wie in Teilaufgabe 1. Denn in der Aufgabe wird nicht vorgegeben, welche Bezüge hergestellt werden sollen. Noch problematischer wird die Leistungsbeurteilung im Hinblick auf die Gewichtung von quantitativen und qualitativen Gesichtspunkten: Es bleibt offen, wie z. B. eine Arbeit zu beurteilen ist, die nur zwei Bezüge herstellt, diese aber in sehr differenzierter Weise erläutert, gegenüber einer Klausur, die auf vier Theorien Bezug nimmt, diese aber nur relativ knapp abhandelt.

Ein weiteres Problem ergibt sich bei zentralen Prüfungen, bei denen man trotz behördlicher Vorgaben für die Prüfungen nicht von gleichen Voraussetzungen der Schüler ausgehen kann. Für einen außenstehenden Beurteiler bleibt in Unkenntnis des vorangegangenen Unterrichts unklar, ob die Heranziehung von Theorien durch einen Schüler als eine eigenständige Leistung oder lediglich als Reproduktionsleistung einzustufen ist, weil solche Bezüge bereits im Unterricht hergestellt wurden. Die Alternative, in der Aufgabe die Herstellung *bestimmter* Theoriebezüge zu verlangen, würde dagegen auf die Überprüfung der Fähigkeit der Schüler verzichten, selbständig auf ihnen bekannte Theorien zurückzugreifen.

Die in Teilaufgabe 2 deutlich gewordene Problematik verschärft sich in der sehr offen formulierten 3. Teilaufgabe. Sie ermöglicht es den Schülerinnen und Schülern, die zu skizzierenden Handlungsmöglichkeiten nicht nur von unterschiedlichen Theorien, sondern auch von ihren subjektiven Theorien (und den in diesen aufgehobenen individuellen Erfahrungen, Einstellungen und Motiven) her zu begründen. Die Offenheit dieser durchaus anspruchsvollen und zugleich spezifisch pädagogisch akzentuierten Aufgabe erschwert es, die Schülerleistungen nach vorab festgelegten inhaltlichen Leistungserwartungen zu beurteilen.

Im übrigen besteht auch bei dieser Teilaufgabe das Problem, dass schon im Unterricht Möglichkeiten pädagogischer Förderung erarbeitet sein können und deshalb nur der Fachlehrer beurteilen kann, welches Maß an Eigenständigkeit die Schülerleistung aufweist.

Gänzlich ungeklärt bleibt, wie Leistungen zu beurteilen sind, die den durch die Aufgabe eröffneten Horizont ausweiten, indem sie sich z. B. kritisch mit dem pädagogischen Optimismus auseinandersetzen, der im Text und auch in der Aufgabenstellung deutlich wird. Wenn dies geschieht, ist mit einiger Wahrscheinlichkeit davon auszugehen, dass die Schüler im Unterricht einen derart reflektierten Umgang mit Texten gelernt haben. Sollte dies der

Fall sein, stellt sich die Frage, ob sich dadurch die Beurteilung ändern sollte. Schließlich demonstriert dieser Schüler nur, dass er das gelernt hat, was er lernen sollte, nämlich eine kritisch-konstruktive Auseinandersetzung mit Texten.

Unabhängig von dieser Frage verdeutlicht die Aufgabe die generelle Problematik zentraler Prüfungen: Die Aufgaben und die jeweiligen Erwartungshorizonte werden ohne Kenntnis des konkreten Unterrichts formuliert; die tatsächlich erbrachten Leistungen werden aber durch diesen massiv beeinflusst. Insofern kann eine an vordefinierten Erwartungen orientierte Leistungsbeurteilung sich als höchst ungerecht erweisen, wenn sie die Bedingungen der Leistungserbringung ignoriert.

Für die am Pädagogikunterricht Beteiligten können die Konstruktion und Bearbeitung einer solchen Aufgabe dagegen sehr hilfreich sein. Die Beschäftigung mit den verwendeten Operatoren, den zu erreichenden Kompetenzen und den Leistungserwartungen kann dazu beitragen, dass sich Lehrende und Lernende intensiver über Inhalte, zu erwerbende Kompetenzen, die dazu hilfreichen Methoden und die Beurteilungskriterien zu verständigen versuchen. Auf diese Weise kann eine breitere, gemeinsam getragene Grundlage für den Unterricht und dessen Erfolgsüberprüfung gelegt werden. Letztere kann den besonderen Bedingungen des Unterrichts dadurch Rechnung tragen, dass die Aufgabe, die Leistungserwartungen und die Leistungsbeurteilung den tatsächlichen Geschehen im Unterricht angepasst werden.

Aufgabe Nr. 4:

I. Thema: **Aggressionen und pädagogische Bemühungen, diese zu reduzieren**

II. Jahrgangsstufe: 12/II

III. Kursart: Leistungskurs

IV. Aufgabentypus: materialgebunden, untergliedert

V. Textgrundlage:

Andreas S.

Am Tag davor ist Andreas S. noch ein ganz normaler Jugendlicher, einer, der in der romantischen Weinstadt Meißen an der Elbe das Gymnasium besucht, 15 Jahre alt, weder Gruftie noch isoliert, einer, der wenig Alkohol verträgt und - wie alle - auch indizierte Computerspiele wie „Duke Nukem" spielt. Er sammelt Überraschungsei-Figuren und lernt viel, um seine Zensuren zwischen 2 und 3 zu halten, hat sowohl Freunde in der Schule als auch in seinem Wohnort Neusörnewitz. Er ist ein guter Sportler und ein guter Kumpel.

Für „coole Sprüche" ist Andy bekannt und für Schulrekorde beim Sprint. Er hat ein teures Rennrad und immer viel Gel in den Haaren. Was ihn wirklich beschäftigt, vertraut er nur den engsten Freunden an.

Da sind seine Eltern, die ihn auf ein anderes Gymnasium schicken wollen, weil am „Franziskaneum" in Meißen die Anforderungen zu hoch sind, die ihm bei schlechten Noten

Hausarrest verordnen und bei der jüngeren Tochter Stefanie, 14, viel mehr durchgehen lassen als bei ihm.

Da ist seine Leidenschaft Sport —Judo und Fußball. Aber der große, durchtrainierte Junge darf seit zwei Jahren nicht mehr im Verein SV Motor Neusörnewitz trainieren, weil er Probleme mit den Knien hat.

Und da ist Katja, ein Mädchen aus Berlin, das im Sommer neu in seine Klasse kam: „Vorher haben ihn Mädchen nicht interessiert, aber in sie war er richtig verliebt und ein paar Tage eng mit ihr zusammen", sagt Stefan, 16, Klassenkamerad und bester Kumpel. Vor wenigen Wochen lernte Katja an der Ostsee einen anderen kennen, „seitdem war Andy nur noch schlecht drauf", sagen Freunde.

Warum es ausgerechnet Sigrun Leuteritz, die 44-jährige Deutsch- und Geschichtslehrerin sein muss, weiß niemand. „Es hätte auch jeden anderen Lehrer treffen können", sagen alle, die Andy kennen. Erst seit Anfang des Schuljahres hatte seine neunte Klasse bei ihr Geschichte. Sie war ältere Klassen gewohnt, „marschierte gnadenlos und streng durch den Stoff, als wären wir kurz vorm Abitur", sagt Stefan. Sigrun Leuteritz galt als „fieser Pauker" der alten Schule. Wenn nicht genügend Arme oben waren, soll sie bisweilen von „Pennern" gesprochen haben und davon, „dass sie hier schließlich nicht vor einer Horde Neger" stünde.

Mit manchen Abiturienten war die alleinstehende Lehrerin allerdings auch per Du, ging schon mal auf ein Guinness mit in den „Pub". Sie soll sich rührend um ihre kranken Eltern gekümmert haben. Wer sich mit ihr nicht gut verstand, sagen Schüler, den konnte sie aber hassen lernen. Dazu reichte schon, wenn sich einer für den Zivildienst interessierte —für die Mutter eines 19-jährigen Sohnes, der sich nach seinem Abitur am Franziskaneum für 12

Jahre bei der Bundeswehr verpflichtet hat, „alles Drückeberger“. Auch für das Christentum, zu dem sich Andreas S. bekannte, hatte Sigrun Leuteritz nichts als ehrlichen Hohn übrig: „Gott und so einen Mist, an was diese Leute glauben.“

„Vielleicht hat sich Andy in eine Vollstreckerrolle hineingesteigert, wollte der ganzen Schule einen aberwitzigen Gefallen tun“, sagt sein Freund Frank und fügt ratlos hinzu, „aber das war ein Menschenleben, das ist nicht wie eine Sechs in Mathe.“

Am Wochenende davor feiern Andy, Stefan und die ganze Clique den Geburtstag eines Freundes. Außerdem ist »Kneip-Night« in der Stadt, das „1.Meißener Kneipenfest“. Die zehn Gymnasiasten treffen sich am „Döner“, dann ziehen sie weiter: „Tequila, Feigling und Küstennebel“. Auch Andreas hält mit, obwohl die Freunde ihn nicht gerade als trinkfreudig kennen: „Andy war normalerweise schon nach einem Bier zu, hat auch so gut wie nie mit den anderen gekifft“, sagt Frank, der sich nur noch dunkel daran erinnert, dass sie in der Nacht noch ein wenig randaliert haben. „Er war traurig, dass Katja nicht gekommen ist“, sagt Frank. Es sei am Samstag weder von Selbstmord noch von der Lehrerin die Rede gewesen. „Aber er hat auch sonst das meiste lieber in sich hineingefressen“, sagt Stefan.

Sein bester Freund, der Computer, steht in seinem Zimmer im Heimatort Neusörnewitz, eine Siedlung aus Einfamilienhäusern, Kleingärten und zwei gepflegten Plattenbauten. Darin haben sich seine Eltern eine Eigentumswohnung gekauft. Beide haben Arbeit, der Vater ist im Vorstand der Garagengemeinschaft und Wettkampfkegler im Sportverein.

„Seine Schwester Steffi gehört zu uns, hat einen großen Mund und immer die neuesten Klamotten“, sagt Volker,

14, von der Jugendclique in Neusörnewitz. Ihren Bruder Andy bringt sie nie mit zur „Schieße“, einer Hütte auf dem alten Schießplatz, wo man sich trifft, wo alle „rechts und in der NPD“ sind und wo Biere um die Wette geleert werden: „Ex oder Jude.“ Andreas gehört zu den „Braven“, den Computerfreaks, zu den „Stubenhockern“. Nach allem, was die Freunde über Andys Familie wissen, herrscht dort ein gutes Verhältnis, keine Schläge, aber „irgendwie altmodische Vorstellungen über Moral, Sex unter 18 und so“ und der dringliche Wunsch, dass Andy das Abitur schafft.

Seine andere Welt wird von Lehrern bestimmt, meist von 7 bis 14 Uhr, von Leistungskontrollen und dem Bestehen in der Klasse 9.1, wo er lange den Klassenkasper macht, bis „das mit den Mädchen anfing“. Der Jugendstilbau heißt seit der Wende wieder „Franziskaneum“ und platzt mit knapp 70 Lehrern und rund 1200 Schülern aus den Nähten.

Die meisten Lehrer stammen noch aus der DDR-Volksbildung. Trotzdem herrscht ein liberales Klima, in dem sich zum Beispiel ein schwuler Musiklehrer nach anfänglichem Gerede relativ folgenlos outen kann. In den großen Pausen teilen sich die „Franziskaner“ in eine starke Gruftie-Fraktion, in Breakdancer und Motorrad-Fans. Nazi-Skins gibt es auffallend wenig. Die Schüler haben eine eigene Zeitung, ein Radio und einen Kiosk in der Nähe, neben dem auch immer ein Dealer steht.

Die Geschichtsstunde am zehnten Jahrestag des Mauerfalls beginnt 7.50Uhr. Bis auf Julia, die krank ist, fehlt nur Andreas unentschuldigt. Sigrun Leuteritz sammelt die Hausaufgabe zur Innenpolitik Bismarcks ein, stellt Fragen zu diesem Stoff und droht gerade mit einer schriftlichen Leistungskontrolle, weil sich keiner der 23 Schüler dazu melden will oder kann. Da stürmt ein maskierter Mann zur Tür des Zimmers 111 herein.

Die Jungs beschreiben die Szene wie aus einem Film am Abend zuvor, springen auf, um sie vorzuspielen. „ich bin jetzt die Leuteritz, du bist Andreas. Der sticht wortlos und abwechselnd mit beiden Klingen auf die Lehrerin ein. Die Gerichtsmediziner zählen später 22 Wunden. Sie krümmt sich, kauert sich zusammen, „nein, warte, vorher hat sie fast noch höhnisch gerufen, was das denn jetzt solle“. Ja, das stimmt: „Aber dann lief ihr auch schon Blut aus dem Mund.“ Das Bratenmesser fällt verbogen aufs Parkett. Frank sieht weg, Stefan sitzt wie gelähmt davor: „Das waren höchstens 20 Sekunden“.

Sigrun Leuteritz schleppt sich mit letzter Kraft auf den Gang, stirbt in den Armen zweier Kollegen.

Der Direktor versucht noch, den Täter zu verfolgen, aber der läuft laut Schulrekord 7,1 Sekunden auf 60 Meter und wird erst dreieinhalb Stunden später von einer Zivilstreife der Polizei gestellt - in Niederau, dem Wohnort von Katja und nicht weit von seinem eigenen Zuhause. Er ist gelassen, spricht von „Hass“ und klagt über einen verstauchten Knöchel.

(Textauszug aus: „stern“, H. 47, 1999, S. 28 ff)

VI. Aufgabenstellung:

1. **Stellen Sie dar, wie Andreas und seine Lehrerin vorgestellt werden und erarbeiten Sie die Erklärungen und Erläuterungen, welche der Artikel des „stern“ zur Gewalttat Andreas′ bzw. zu ihren möglichen Ursachen gibt!**

2. **Entfalten Sie unter Bezugnahme zu wissenschaftlichen Aggressionstheorien verschiedene Erklärungsversuche, die bei dem Versuch, diese Gewalttat des Jungen zu erklären, Ihrer Auffassung nach berücksichtigt werden müssten!**

3. **Entwerfen Sie auf der Basis Ihrer bisherigen Erarbeitungen Perspektiven einer Erziehung, die besonders anstreben will, dass Gewaltbereitschaft von Menschen abgebaut oder vermindert werden kann!**

VII. Spezifische inhaltliche Voraussetzungen für die Bearbeitung der Aufgaben :

Im Unterricht sollten zuvor erarbeitet sein:
- unterschiedliche Aggressionstheorien oder auch Devianztheorien
- psychologisch und soziologisch orientierte Erklärungsversuche menschlichen Verhaltens
- pädagogische und gesellschaftliche Konzepte oder Versuche der Prävention von Gewalt bei Kindern und Jugendlichen

VIII. Angaben zum Erwartungshorizont:

Erwartungen zu Aufgabe 1:

1. durch die Aufgabenbearbeitung nachzuweisende Standards:

Kompetenzbereiche, Anforderungen, Kompetenzen			
A	**B**	**C**	**D**
1.1. 2.2	2.4.	1.4 2.5 2.6	1.4 1.5

Kompetenzfundierende Inhalte			
a	**b**	**c**	**d**
5.1 5.7			1.1

2. spezielle Leistungserwartungen an die Aufgabenbearbeitung:

Die Schülerinnen und Schüler geben die zentralen Textaussagen zur Biographie Andreas' wieder (I), z. B.
- sein unauffälliges Verhalten im Vergleich zu Mitschülern,
- sein Spielen von – auch indizierten – Computerspielen,
- sein häufiges Agieren am Computer,
- sein Sammeln von „Überraschungseiern",
- sein gutes Verhältnis zu seinen Eltern,
- die hohen schulischen Leistungserwartungen seiner Eltern an ihn,
- seine Enttäuschung über das Ende seiner ersten Liebesbeziehung,
- die Tatsache, dass er wegen Verletzungen an seinem Knie viele Sportaktivitäten (Fußball, Judo) einschränken oder sogar aufgeben muss,
- sein Erleben, dass seiner jüngeren Schwester seitens der Eltern mehr „Freiheiten" zugestanden werden als ihm selbst.

Sie benennen mögliche Erklärungen für die Tat, die durch den Artikel angedeutet bzw. nahegelegt werden (II), indem sie z.B.
- auf die massiven Enttäuschungen Andreas' hinweisen,
- die (nicht unbegründete) massive Unbeliebtheit der getöteten Lehrerin bei Schülerinnen und Schülern herausstellen,
- die Schülerberichte wiedergeben, nach denen die Mordtat sich wie in einem Film am Abend zuvor abgespielt habe,
- darlegen, dass im Artikel Erklärungen für die Tat nur angedeutet werden, nicht aber eindeutige Ursachen oder Motive benannt werden.

Erwartungen zu Aufgabe 2:

1. durch die Aufgabenbearbeitung nachzuweisende Standards:

Kompetenzbereiche, Anforderungen, Kompetenzen			
A	**B**	**C**	**D**
1.1 2.3 3.3. 3.4. 3.6.	3.2	2.5 2.6 2.7	3.2

Kompetenzfundierende Inhalte			
a	**b**	**c**	**d**
5.1 7.4. 7.5 8.1	2.1	1.1 1.3	2.1

2. spezielle Leistungserwartungen an die Aufgabenbearbeitung:

Die Schülerinnen und Schüler setzen Theorien unterschiedlicher Provenienz zu Aussagen im Text in Beziehung, z. B.

- Theorien, die Aggressivität und Aggressionen explizit thematisieren (II), z. B.
  - Freuds 1. Theorie: Aggression als Folge von Unlusterfahrungen,
  - Freuds 2. Theorie: Aggression als Ausdruck eines angeborenen Destruktionstriebes,
  - Lorenz‘ Annahme eines biologisch gegebenen menschlichen Aggressionstriebs,

- Dollards Frustrations-Aggressions-Theorie,
- Banduras Theorie des Modelllernens und seine Annahme, dass Aggression als Folge von Modelllernen zu begreifen sei,
- Scotts ökologischer Erklärungsansatz zur Aggressivität;

- entwicklungs- und sozialpsychologische Theorien, die zur Erklärung von Aggressivität und Aggressionen hilfreich sein können (II), z. B.:
  - die tiefenpsychologische Frage nach Ursachen für Andreas' Gewaltbereitschaft in seiner früheren Lebensgeschichte,
  - die individualpsychologische Deutung der Tat als Ausdruck einer „privaten Logik" infolge eines Minderwertigkeitskomplexes,
  - das Modell der produktiven Realitätsverarbeitung nach Hurrelmann: das Problem der Nichtbewältigung von Entwicklungsaufgaben und die Frage nach möglichen Faktoren, welche diese Nichtbewältigung begünstigt haben könnten.

Sie
- arbeiten den Erklärungswert der behandelten Theorien im Hinblick auf das vorgegebene Fallbeispiel heraus (III),
- setzen die Erklärungsmöglichkeiten zueinander in Beziehung (II – III).

Erwartungen zu Aufgabe 3:

1. durch die Aufgabenbearbeitung nachzuweisende Standards:

Kompetenzbereiche, Anforderungen, Kompetenzen			
A	**B**	**C**	**D**
3.3. 3.5	3.1	2.1 2.5 3.1 3.3	1.6 2.2 2.4 3.1 3.4

Kompetenzfundierende Inhalte			
a	**b**	**c**	**d**
5.2 5.5 5.7		1.3	1.3 1.5 2.5

2. spezielle Leistungserwartungen an die Aufgabenbearbeitung:

Die Schülerinnen und Schüler

- entwickeln realisierbare pädagogische Handlungsideen auch im Rückgriff auf das in Aufgabe 2 vorgestellte Theoriewissen (II - III), z. B.
  - die Schaffung von Räumen für den Abbau von Aggressivität (z.B. über Möglichkeiten für sportliche Aktivitäten, vielleicht auch Kampfsportarten),
  - Bestrebungen, frustrierende Erfahrungen für Jugendliche zu verringern (z.B. schulische Bemühungen, Schülern immer auch Erfolgserlebnisse zu ermöglichen; Versuche, differenziert auf Misser-

folge bei Aktivitäten von Kindern und Jugendlichen zu reagieren),
- Versuche der Präsentation nicht-gewaltorientierter Modelle (z. B. bekannter Persönlichkeiten, die ohne Gewalt besondere Erfolge erreichen konnten; eigenes Vorbildverhalten),
- Konzepte des Anti-Gewalt-Trainings;
-

- entwickeln eigene kreative Ideen von gewaltfreien Handlungsmöglichkeiten, die tatsächlich für Jugendliche attraktiv sein könnten (III);

- reflektieren Möglichkeiten wie Schwierigkeiten von Versuchen, konkrete pädagogische Maßnahmen zur Verminderung von Gewaltorientierung bei Jugendlichen umzusetzen (III), indem sie z. B.
  - die Bereitschaft von Eltern, ihre erzieherischen Einstellungen zu verändern, problematisieren,
  - die Bereitschaft der Gesellschaft, ggf. geeignete Initiativen ideell oder materiell zu unterstützen, erörtern,
  - die tatsächlichen sozialen Einflüsse auf Jugendliche beurteilen,
  - Möglichkeiten und Grenzen des Anti-Gewalt-Trainings oder von „Mediation" erörtern
  - darauf hinweisen, dass gleichermaßen kognitive, affektive und soziale Faktoren bei der Entwicklung von Einstellungen und Haltungen berücksichtigt werden müssen, während z. B. schulische Aufklärung Jugendliche zumeist nur auf kognitiver Ebene ansprechen kann
  - darlegen, dass pädagogisches Handeln niemals die jeweilige politische und kulturelle Wirklichkeit ausblenden kann, z.B. die massiven und vielfältigen medialen Einflüsse im gesellschaftlichen Alltag.

IX Hinweise zur Benotung:

(a) Voraussetzung für die Note „ausreichend“:

Aufgabe 1:
- sachgerechte Wiedergabe der zentralen Aussagen und Argumente des Textes
- Herausarbeiten der Erklärungen und Deutungen des Textes in Grundzügen

Aufgabe 2:
- grundlegende Kenntnisse bzgl. unterschiedlicher Theorien zur Erklärung von Aggressivität
- Fähigkeit, Theoriewissen auf das vorgestellte Fallbeispiel zu beziehen
- Fähigkeit, Aussagen unterschiedlicher Theorien voneinander abzugrenzen

Aufgabe 3:
- Berücksichtigen des zuvor behandelten Theoriewissens in Grundzügen
- Entwicklung konkreter und begründeter Ideen und Vorschläge
- Nachweis von Problembewusstsein
- theoriegeleitete Entwicklung eigener Vorschläge

(b) Voraussetzung für die Note „gut“:

Aufgabe 1:
- strukturierte Erarbeitung der Aussagen und Argumente des Textes
- Erkennen, dass im Text Deutungen und Erklärungen nur angeboten, nicht aber als gesichert präsentiert werden

- Erläutern, dass es unterschiedliche Möglichkeiten gibt, die Tat zu erklären

Aufgabe 2:
- weitreichende Kenntnisse bzgl. unterschiedlicher Theorien zur Erklärung von Aggressivität
- Fähigkeit, Theoriewissen differenziert auf das Fallbeispiel zu beziehen und ihren Erklärungswert kritisch zu würdigen
- Fähigkeit, Theoriewissen differenziert voneinander abzugrenzen
- kritische Bewertung des Theoriewissens mit Blick auf das Fallbeispiel

Aufgabe 3:
- differenzierte theoriebezogene Entwicklung von Vorschlägen und Ideen
- Berücksichtigen der Komplexität der Aufgabe
- Entwickeln realistischer Perspektiven
- Bereitschaft und Fähigkeit zur selbstkritischen Reflexion eigener Vorschläge

Kommentar zur Aufgabe Nr. 4: („Aggressionen und pädagogische Bemühungen, diese zu reduzieren“)

Fallbeispiele gewinnen in der Erziehungswissenschaft, welche sich immer auch als Handlungswissenschaft, nämlich als Wissenschaft nicht nur *der* Praxis, sondern auch *für die* (erzieherische) Praxis begreift, unverzichtbare Bedeutung. Insofern sollten und müssten Fallbeispiele auch als Klausuraufgaben im erziehungswissenschaftlichen Unterricht Berücksichtigung finden.

Fallbeispiele können einmal als Illustrationen für Theorieaussagen präsentiert werden. In solchen Fällen werden sie immer schon auf dem Fundament einer bestimmten Theorie dargestellt und bearbeitet. Fallbeispiele können aber auch aus nicht-wissenschaftlichen Quellen entnommen werden. Solche Beispiele stellen Probleme oder Erfahrungen aus der gesellschaftlichen bzw. erzieherischen Alltagspraxis vor. Auch solche Fallbeispiele werden nicht ohne bestimmte Intentionen oder bestimmte Einstellungen ihrer Autoren präsentiert, sie sind aber in einer eher wenig systematischen Weise an wissenschaftlichen Theorien orientiert. Auf diese Weise eröffnen solche Fallbeispiele unterschiedliche Zugänge in Klausuren. So bieten sie einerseits Gelegenheit zum selbstständigen theoriegeleiteten Umgang mit pädagogischen Fragen, andererseits eignen sie sich aufgrund ihrer Offenheit nur begrenzt für Aufgabenstellungen mit einem klar und eng gefassten Erwartungshorizont.

Das vorliegende Fallbeispiel gehört zur zweiten Kategorie. Es wurde in einer Zeitschrift vorgestellt, welche nicht nur informieren will, sondern zugleich auch unterhalten muss. Der Text ist dramaturgisch gestaltet, nicht nur der Täter und sein Opfer sind im Blickfeld. Mögliche Erklärungen der Tat werden nur angedeutet, eine Favorisierung einer bestimmten Erklärungshypothese ist nicht auszumachen. Deshalb ermöglicht die Bearbeitung des Falles eine Deutung aus unterschiedlichsten Perspektiven. Sie verlangt dem Schüler ab, selbst die aus seiner Sicht hilfreichsten Perspektiven zu wählen, das heißt zu entscheiden, ob er den Fall z. B. eher aus sozialisationstheoretischer, aus entwicklungspsychologischer, aus lernpsychologischer Sicht oder in einer Kombination mehrerer Theorierichtungen der Erziehungswissenschaft bearbeiten will.

Sicherlich legt das Beispiel nahe, zunächst auf bekannte Aggressionstheorien Bezug zu nehmen. Im Sinne der neuen Anforderung für die Abiturprüfung in NRW, dem Anforderungsbereich II einen besonderen Stellenwert zuzuerkennen, ist die 2. Teilaufgabe adäquat formuliert. Sie schreibt jedoch nicht vor, in welchem Ausmaß die jeweils herangezogenen Theorien vom Schüler auch kritisch gewürdigt werden sollen. Daraus ergibt sich das Problem, wie bei der Beurteilung der Klausur der Umstand berücksichtigt werden soll, dass Schülerinnen und Schüler die behandelten Theorien nicht nur auf ihren Erklärungswert hin beurteilen, sondern diese darüber hinaus unter ideologiekritischer Perspektive einer Kritik unterziehen. Deshalb drängt sich die selbstkritische Frage auf, ob Formulierungen wie in der 2. Teilaufgabe nicht dazu beitragen, die Schülerinnen und Schüler von einer eigenen weiterführenden kritischen Reflexion systematisch wegzuführen und einem positivistischen Wissenschaftsverständnis Vorschub zu leisten, demzufolge man nur die „richtigen“ Theorien heranzuziehen brauche, um Phänomene erklären und pädagogische Probleme lösen zu können.

Weiter enthält die Teilaufgabe 2 keinen Hinweis darauf, wie differenziert die jeweils herangezogenen Theorien behandelt werden sollen. Es bleibt offen, ob die Schülerinnen und Schüler beweisen sollen, dass sie mehrere Theorien kennen und auf ein Fallbeispiel sachgerecht beziehen können, oder ob sie zeigen sollen, dass sie die mit Blick auf das Fallbeispiel signifikantesten Theorien auswählen und konstruktiv für eigene Reflexionen nutzen können. Unklar bleibt ferner, ob der Fokus bei der Bearbeitung der Aufgabe eher auf eine theoriegeleitete Reflexion des *Falles* oder eher auf eine Überprüfung des Aussagewertes der *Theorien* am Beispiel des Falles gerichtet werden soll.

Insofern kann diese zweite Aufgabe aufdecken, dass auch mit der Vorgabe verbindlicher Operatoren (hier: „Entfalten Sie...“) keineswegs gewährleistet werden kann, dass

Schülerinnen und Schüler eindeutig wissen, was sie bei der Bearbeitung der Aufgabe zu leisten haben. Diese Offenheit hat auf der anderen Seite zur Folge, dass eine weitreichende Normierung der Leistungserwartungen im Hinblick auf eine möglichst objektive Korrektur und Beurteilung von Klausuren bei derart anspruchsvollen Aufgaben kaum zu legitimieren ist. Schlimmer noch: Der Versuch einer möglichst weitreichenden Normierung birgt – insbesondere bei zentralen Prüfungen – die nicht zu unterschätzende Gefahr, dass besonders eigenständige oder sogar unkonventionelle Bearbeitungen von Aufgaben kaum mehr möglich werden und, wenn sie doch erfolgen, keine positive Würdigung erwarten dürfen, weil diese Leistungen im Erwartungshorizont nicht vorgesehen sind und deshalb nicht mit Punkten bedacht werden.

Es dürfte deutlich geworden sein, auf welche Probleme der Versuch der Normierung von Leistungserwartungen bereits im Anforderungsbereich II stößt. Deshalb kann es nicht überraschen, wenn diese Probleme bei der auf den III. Anforderungsbereich zielenden Teilaufgabe 3 noch klarer zutage treten. Die Aufgabenstellung erfordert nicht nur ein Nachdenken über komplexe Zusammenhänge, sondern auch das Entwerfen eigener Perspektiven für pädagogisches Handeln. Und sie schließt nicht einmal die Möglichkeit aus, dass ein Schüler die Auffassung begründet vertritt, dass aufgrund gesamtgesellschaftlicher Bedingungen pädagogisches Handeln mit dem Ziel einer Minimierung von Jugendgewalt kaum eine Chance hat, sich positiv auszuwirken. Würde eine solche These gut begründet, wäre dies eine besonders anzuerkennende Leistung, die jedoch bei einem vorformulierten Erwartungshorizont, der sich strikt an den Wortlaut der Aufgabe hält, Gefahr liefe, keine Berücksichtigung zu finden.

Weitere Probleme seien nur kurz in Frageform angedeutet: Welche erzieherischen Perspektiven lassen sich als sinnvoll oder konstruktiv ausweisen? Wie umfassend sollen sie begründet werden? Wie weitreichend sollen die Vorschläge wissenschaftlich fundiert werden? Auf welchen Theorieebenen sollen die Schülerinnen und Schüler argumentieren? Wie konkret oder wie allgemein sollen oder dürfen ihre Vorschläge sein? In welchem Ausmaß oder in welcher Weise sollen eher allgemein gehaltene Vorschläge anhand konkreter Beispiele erläutert werden?

Wollte man solche offenen Fragen vermeiden, müsste man Fallbeispiele wählen, die allein im Kontext eines sehr eingegrenzten Theoriehorizontes bearbeitet werden dürften. Wenn die Schüler dann noch darauf festgelegt würden, alle Aufgaben einer Klausur in einem möglichst engen Bezug zum konkreten Fall zu bearbeiten, ließe sich die Offenheit der Erwartungen durch die Ausweisung von in der Klausur zu berücksichtigenden Theorieaspekten erheblich reduzieren. Dadurch würde den Schülerinnen und Schülern aber der Nachweis verwehrt, dass sie zu eigenständigem, komplexem pädagogischen Denken in der Lage sind. Wirkliche pädagogische Bildung lässt sich durch die Bearbeitung solcher eng gefasster Aufgaben kaum gewinnen oder unter Beweis stellen.

Weiter kann das Fallbeispiel zeigen, dass eine eindeutige Zuordnung von Kompetenzen, kompetenzfundierenden Inhalten, Aufgaben und Leistungserwartungen häufig nur auf sehr konstruierte und gewollte Weise möglich ist und umgekehrt Kompetenzen, die durch die Gesamtbearbeitung von Aufgaben gefördert werden, durch solche Zuweisungen kaum erfasst werden. Ordnet man beispielsweise der Leistungserwartung „Realistische Einschätzung von Möglichkeiten wie Schwierigkeiten beim Versuch, konkrete pädagogische Maßnahmen zur Verminderung von Gewaltorientierung bei Jugendlichen umzusetzen“ dem inhaltlichen Standard „pädagogische Bedeutung ausgewählter Sozialisationsinstanzen bzw. –faktoren (Familie,

Kindergartengruppe, Schule, Gleichaltrigengruppe, Medien)“ zu, so kann bei der Beurteilung das Problem entstehen, dass diese inhaltliche Zuordnung jetzt als obligatorisch gilt und deshalb zu einer schlechteren Beurteilung führt, wenn sie nicht erfüllt wird. Zudem bleibt unklar, ob es ausreicht, die Bedeutung von Sozialisationsinstanzen nur abstrakt zu thematisieren, oder ob explizit auf die einzelnen Instanzen eingegangen werden soll.

Umgekehrt lassen sich z.B. die für den Kompetenzbereich D („Pädagogisches Reflektieren und Handeln“) zusammengestellten Kompetenzen eher durch Klausuren im Ganzen nachweisen als dadurch, dass bestimmte vorformulierte Leistungserwartungen zu Teilaufgaben erfüllt werden. Oder: Die kommunikativen Fähigkeiten eines Schülers oder einer Schülerin zeigen sich weniger in der Erfüllung einzelner eng begrenzter Leistungserwartungen als in der Darstellungsleistung einer ganzen Klausur.

Hinzu kommt, dass sich nicht alle Kompetenzen durch Klausuraufgaben überprüfen lassen. Dies gilt vor allem für die Kompetenzbereiche B und C sowie die unmittelbar auf pädagogische Praxis zielenden Kompetenzen D.3.6 bis D.3.9. So entzieht sich z. B. die Kompetenz „Kommunikationsprozesse mit der dafür erforderlichen Empathie gestalten“ (C.3.6) der Überprüfbarkeit durch schriftliche Arbeiten. Zumindest müsste zunächst die *Fähigkeit* zu pädagogischer Empathie von der *Bereitschaft*, Empathie zu praktizieren, sorgfältig unterschieden werden. Seine *Fähigkeit* zur Empathie kann ein Schüler bei der Bearbeitung des Fallbeispiels beweisen, indem er sich z. B. in Andreas’ Rolle in der Schule hineinzudenken und hineinzufühlen versucht. Ob und in welchem Maße er in der Praxis empathie*bereit* wäre, ist schon deshalb nicht überprüfbar, weil es dem Schüler freisteht, Einstellungen und Bereitschaften lediglich zu suggerieren, ohne über sie wirklich zu verfügen.

Damit zeigt sich noch einmal, dass in Klausuren überprüfbare Leistungserwartungen sich weitgehend auf die kognitive Dimension des Lernens beschränken müssen. Affektive oder volitionale Komponenten von Kompetenzen lassen sich vielleicht noch beschreiben, aber schriftlich im Grunde kaum überprüfen.

Am Ende wäre noch zu fragen, ob die analytische Trennung formaler Kompetenzen und kompetenzfundierender Inhalte für die Beschreibung von Leistungserwartungen letztlich konstruktiv ist. Durch die jeweils übereinstimmenden Überschriften macht das Kommissionspapier deutlich, dass im Grunde Kompetenzen niemals inhaltsleer erworben, genutzt und nachgewiesen werden können und umgekehrt inhaltliches Wissen die Ausbildung von Kompetenzen befördern kann. Insofern müsste man eigentlich das Wechselspiel von Kompetenzentwicklung und Aneignung von Inhalten auch in Erwartungshorizonten zu Klausuren dokumentieren, hingegen belegt deren Trennung in den tabellarischen Auflistungen zum Erwartungshorizont, dass gerade dies kaum geschieht. Dies hat seine Ursache vor allem darin, dass bisher weitestgehend unerforscht ist, wie sich beide Prozesse wechselseitig bedingen. Denn pädagogische Kompetenzen erwachsen ebensowenig allein aus pädagogischen Kenntnissen wie allein aus formalen Fähigkeiten. Deren Zusammenspiel beim Kompetenzaufbau zu durchleuchten muss als eine vorrangige Forschungsaufgabe für einen Unterricht gelten, der eben diesen Kompetenzaufbau zum Ziel hat.

Aufgabe Nr. 5:

I. Thema: **„Erziehung als Hilfe bei der Identitätsentwicklung"**

II. Jahrgangsstufe: 12

III. Kursart: Leistungskurs

IV. Aufgabentypus: materialungebunden, untergliedert, schriftlich

V. Textgrundlage: entfällt

VI. Aufgabenstellung:

1. **Geben Sie die zentralen Komponenten von Krappmanns Identitätsmodell wieder und stellen Sie diese in einem geordneten Zusammenhang dar!**

2. **Erläutern und beurteilen Sie Krappmanns Identitätsmodell und setzen Sie es zu Eriksons Modell der Identitätsentwicklung in Beziehung!**

3. **Erörtern Sie ausgehend von den beiden Modellen Möglichkeiten und Grenzen einer Erziehung, die sich der Förderung der Identitätsentwicklung verpflichtet weiß!**

VII. spezifische inhaltliche Voraussetzungen für die Bearbeitung der Aufgaben:

Im Unterricht sollten zuvor erarbeitet worden sein:

- das Identitätskonzept von Krappmann
- das Phasenmodell der Identitätsentwicklung von Erikson.

Darüber hinaus wäre es hilfreich, wenn weitere Entwicklungs- und Sozialisationsmodelle (z.B. Adler,

Epstein / Filipp, Dahrendorf, Mead) vorab behandelt worden wären.

VIII. Angaben zum Erwartungshorizont:

Der folgende Erwartungshorizont skizziert zunächst die Grundzüge des Identitätskonzepts von Krappmann und stellt mögliche Gesichtspunkte für eine (den Vergleich mit Eriksons Modell nutzende) kritische Würdigung zusammen (Aufgaben 1 und 2). Im Hinblick auf die Aufgabe 3 können nur in exemplarischer Weise mögliche Wege der Bearbeitung der Aufgabe aufgezeigt werden.

Erwartungen zu Teilaufgabe 1:

1. durch die Aufgabenbearbeitung nachzuweisende Standards:

Kompetenzbereiche, Anforderungsbereiche, Kompetenzen:			
A	**B**	**C**	**D**
1.1 1.3		1.3	1.5

Kompetenzfundierende Inhalte:			
a	**b**	**c**	**d**
5.3 **5.4**		**1.1** **1.3** **1.4**	

2. spezielle Leistungserwartungen an die Aufgabenbearbeitung:

Die Schülerinnen und Schüler

- benennen die zentralen Komponenten von Krappmanns Identitätsmodell (I): Interaktion, Rollenerwartungen, Weite bzw. Enge der durch die Rollenerwartungen belassenen Spielräume, Durchsetzung von Rollenerwartungen mit Hilfe von Sanktionen und Gratifikationen, Diskrepanz von Erwartungen, Rollenkonflikte, soziale Identität, persönliche Identität, Ich-Identität, Anforderungen an die Ich-Identität (Stabilität, Flexibilität), Identitätsbalance, identitätsfördernde Fähigkeiten (Rollendistanz, Empathie, Ambiguitätstoleranz; Fähigkeit zur Identitätsdarstellung)
- geben die Modellstruktur (Zusammenhang der Komponenten) in ihren Grundzügen wieder (I)
- stellen den Zusammenhang von Interaktion und Identitätsentwicklung dar (I)
- stellen die sozialen und die internen Bedingungen heraus, die für eine gelungene Identitätsentwicklung gegeben sein müssen (I)
- kennzeichnen die Ich-Identität als Balance von sozialer und persönlicher Identität (I).

Erwartungen zu Teilaufgabe 2:

1. durch die Aufgabenbearbeitung nachzuweisende Standards:

Kompetenzbereiche, Anforderungsbereiche, Kompetenzen:			
A	**B**	**C**	**D**
2.1 2.2		1.3 2.7	1.5 2.2 3.1

Kompetenzfundierende Inhalte:			
a	**b**	**c**	**d**
5.1 5.3 5.4 7.1 7.3 7.4		1.1 1.3 1.4	

2. spezielle Leistungserwartungen an die Aufgabenbearbeitung:

(a) Die Schülerinnen und Schüler erläutern (II) und beurteilen (III) Krappmanns Identitätsmodell,

indem sie z. B.

- den engen Zusammenhang von Interaktion und Identitätsbildung belegen (II)
- die Identitätsbildung als ständigen Balanceakt herausarbeiten (II)
- die Notwendigkeit begründen, sich zugleich als „so wie alle anderen" („phantom normalcy") und als „anders als alle anderen" („phantom uniqueness") zu präsentieren (II)
- die Notwendigkeit einer zugleich stabilen, berechenbaren und offenen, flexiblen Identität erläutern (II)
- die Bedeutung der identitätsfördernden Fähigkeiten belegen (II)
- die Schwierigkeiten erläutern, die sich aus einer unzureichend ausgebildeten Ich-Identität ergeben können (II)
- die positiven Auswirkungen einer gefestigten Ich-Identität erläutern (II)
- verdeutlichen, dass Krappmanns Modell damit auf für die Identitätsentwicklung wesentliche Aspekte aufmerksam macht (II / III))

- Grenzen des Modells herausarbeiten, z.B. unzureichende Berücksichtigung entwicklungspsychologischer Gesichtspunkte, Vernachlässigung individueller sozialer, ökonomischer, kultureller Kontexte (III).

(b) Sie setzen Krappmanns Identitätsmodell zu Eriksons Modell der Identitätsentwicklung in
Beziehung, indem sie z. B.

- Krappmanns und Eriksons Modell unterschiedlichen Wissenschaftsrichtungen (Sozialisationstheorie, Entwicklungstheorie) zuordnen (II)
- die Bedeutung der Interaktion in beiden Modellen erläutern (II)
- Unterschiede zwischen Krappmanns Ansatz (z. B. eher auf die Anforderungen in der einzelnen Interaktion ausgerichtet, ständig neues Ringen um Identität) und Eriksons Modell (z. B. auf das gesamte Leben ausgerichtetes Entwicklungskonzept, sich im positiven Fall zunehmend stabilisierende Identität) kennzeichnen (II)
- Identitätsbalance (Krappmann) und Krisenbewältigung (Erikson) in Beziehung setzen (II).

Erwartungen zu Teilaufgabe 3:

1. durch die Aufgabenbearbeitung nachzuweisende Standards:

Kompetenzbereiche, Anforderungsbereiche, Kompetenzen:			
A	**B**	**C**	**D**
2.2 3.3 3.5 3.6	3.2	2.1 2.7 3.3	1.6 2.1 3.1 3.4 3.8 3.9

Kompetenzfundierende Inhalte:			
a	**b**	**c**	**d**
5.1 5.2 5.3 5.4 5.6 5.7 7.1 7.3 7.4 7.5 7.6		3.2	2.1 2.2 4.1 4.2 4.4 4.5

2. spezielle Leistungserwartungen an die Aufgabenbearbeitung:

(a) Die Schülerinnen und Schüler entwickeln im Ausgang von den beiden Modellen, ggf. auch unter Einbeziehung weiterer Theorien und Modelle, Möglichkeiten einer pädagogischen Förderung der

Identitätsentwicklung (III), indem sie diese z. B. kennzeichnen

- als Eröffnung von für die Identitätsbalance erforderlichen Spielräumen
- als Förderung vielfältiger Interaktionen
- als Austausch wechselseitiger Situationsdefinitionen, Verhaltenserwartungen und Handlungsabsichten
- als Förderung der Fähigkeit, sich seiner eigenen Bedürfnisse und Erwartungen bewusst zu werden
- als Unterstützung beim Erwerb der für die Identitätsbalance benötigten Dispositionen (Rollendistanz, Empathie, Ambiguitätstoleranz, Fähigkeit zur Identitätsdarstellung)
- als Darstellung des eigenen Bemühens um Empathie und des eigenen Umgangs mit Ambiguitäten
- als Bemühen um ein in sich konsistentes Erziehen, das die Erwartungen an den Edukanden für diesen berechenbar werden lässt
- als Unterstützung bei der Gewinnung und Bewahrung von Urvertrauen, Autonomie, Initiativkraft und Werksinn
- als Versuche, kein übertriebenes Misstrauen, keine unnötigen Scham- und Schuldgefühle, keine Minderwertigkeitsgefühle aufkommen zu lassen
- als Förderung von Selbstbewusstsein und Selbstwertgefühl
- als Förderung eines realistischen Selbstbildes
- als Verständnis für hohe Empfindlichkeit und unsicheres, auch problematisches Verhalten des Edukanden in krisenhaften Phasen der Entwicklung
- als Akzeptanz von Versuchen der Ablösung von den Eltern und der Suche nach neuen Identifikationsmöglichkeiten

- als Verständnis für das Experimentieren des Edukanden mit Rollen
- als unaufdringliche Gesprächsbereitschaft insbesondere in der 5. Entwicklungsphase (Erikson), in der bisherige Identifikationen brüchig werden und der Edukand um die Neukonstruktion seiner Identität ringt
- als Unterbreitung von (v. a. indirekten) Angeboten an Identifikationsmöglichkeiten (z.B. über Filme, Literatur) und deren gemeinsame kritische Reflexion.

(b) Die Schülerinnen und Schüler
- erörtern in abwägender Weise die Chancen einer pädagogischen Förderung der Identitätsentwicklung angesichts dysfunktionaler Bedingungen (z.B. des Pluralismus' an Werten und Normen, des Autoritätsverlusts traditioneller Institutionen, der zunehmenden Internationalisierung und Globalisierung, der Unkalkulierbarkeit von Biographien, des oft problematischen Medienangebots, des Konsumdrucks) (III)
- setzen sich mit den eigenen Überlegungen und den ihnen zugrundeliegenden Prämissen kritisch auseinander (III).

IX. Hinweise zur Benotung:

(a) Voraussetzungen für die Note „ausreichend":

Die Bearbeitung der gestellten Aufgaben weist zwar Mängel auf, genügt aber insgesamt den im Erwartungshorizont genannten Anforderungen. Dies heißt,

- dass Krappmanns Identitätskonzept in seinen Grundzügen wiedererkennbar sein muss (Aufgabe 1)
- dass die Modelle Krappmanns und Eriksons in einigen Punkten in Beziehung gesetzt werden (Aufgabe 2)
- dass die sich aus Krappmanns Modell ergebende pädagogische Aufgabe erläutert wird, den Erwerb der für die Identitätsbalance förderlichen Dispositionen zu unterstützen (Aufgabe 3)
- dass einige weitere Möglichkeiten pädagogischer Förderung der Identitätsentwicklung genannt und unter Rückgriff auf die beiden, ggf. auch auf weitere Modelle wenigstens ansatzweise begründet werden (Aufgabe 3)
- dass auf einige Probleme wenigstens ansatzweise verwiesen wird, die sich bei dem Versuch einer pädagogischen Unterstützung von Identitätsbildungsprozessen ergeben können
- dass die Ausführungen im wesentlichen auf die jeweilige Aufgabenstellung bezogen sind
- dass die Arbeit in einer zwar nicht fehlerfreien, aber insgesamt verständlichen Sprache abgefasst ist und eine nachvollziehbare Grobgliederung aufweist.

(b) Voraussetzungen für die Note „gut“:

Die Bearbeitung der gestellten Aufgaben entspricht den im Erwartungshorizont genannten Anforderungen in vollem Maße. Dies heißt,

- dass Krappmanns Identitätskonzept differenziert und in einem strukturierten Zusammenhang wiedergegeben wird (Aufgabe 1)
- dass die zentralen Begriffe korrekt verwendet und präzise erläutert werden (Aufgabe 1)

- dass die Modelle Krappmanns und Eriksons unter unterschiedlichen Perspektiven in sinnvoller Weise verglichen werden (Aufgabe 2)
- dass in überzeugender Weise Möglichkeiten erläutert werden, beide Modelle aufeinander zu beziehen und dadurch eine komplexere Sicht der Identitätsentwicklung zu gewinnen (Aufgabe 2)
- dass unterschiedliche Möglichkeiten erläutert und begründet werden, den Erwerb der für die Identitätsbalance förderlichen Dispositionen pädagogisch zu unterstützen (Aufgabe 3)
- dass weitere Möglichkeiten pädagogischer Förderung der Identitätsentwicklung theoriegestützt erläutert und begründet werden (Aufgabe 3)
- dass in abwägender Weise Chancen und Probleme erörtert werden, die sich bei dem Versuch einer pädagogischen Unterstützung von Identitätsbildungsprozessen ergeben können (Aufgabe 3)
- dass normative Implikate der eigenen Überlegungen offengelegt werden (Aufgabe 3)
- dass die Ausführungen konsequent auf die jeweilige Aufgabenstellung bezogen sind (Aufgaben 1-3)
- dass die Arbeit in einer fachgerechten, präzisen Sprache abgefasst und in transparenter und systematischer Weise gegliedert ist (Aufgaben 1-3).

Kommentar zur Aufgabe Nr. 5:
(„Erziehung als Hilfe bei der Identitätsentwicklung")

Bei der Aufgabe handelt es sich um eine anspruchsvolle, nicht-textgebundene Variante, die in 3 Teilaufgaben gemäß den Anforderungsbereichen untergliedert ist, die durch die Einheitlichen Prüfungsanforderungen in der Abiturprüfung (EPA) vorgegeben sind.

Die Bearbeitung der Aufgaben setzt voraus, dass zumindest die Identitätsmodelle von Krappmann und Erikson im Unterricht gründlich behandelt worden sind. Nur unter dieser Voraussetzung kann erwartet werden, dass die in Aufgabe 1 erwartete Reproduktionsleistung, die in Aufgabe 2 geforderten Leistungen (Erläuterung, Beurteilung, Vergleich) und die abwägende Erörterung von Möglichkeiten und Grenzen pädagogischer Unterstützung von Identitätsfindungsprozessen gelingen.

Aufgabe 2 ist selbst noch einmal in drei Teilaufgaben unterteilt: Sie verlangt zunächst eine Erläuterung von Krappmanns Modell und überprüft damit das Verständnis des zuvor Reproduzierten. Sie verlangt zweitens eine Beurteilung des Modells und damit eine Leistung, die dem Schüler ein hohes Maß an Eigenständigkeit abverlangt, weil er die Kriterien für seine Urteile selbst finden und anhand dieser Kriterien selbständig urteilen muss. Die herangezogenen Kriterien können zugleich diejenigen Gesichtspunkte bilden, die für den drittens geforderten Vergleich mit Eriksons Modell herangezogen werden können.

Aufgabe 3 verlangt eine selbständige, konstruktive und abwägende Reflexion auf pädagogische Praxis, die von den Modellen Krappmanns und Eriksons ausgehen soll, aber nicht auf diese Modelle beschränkt bleiben muss.

Dem Schüler steht es offen, für seine Reflexion selbständig weitere Theorien heranzuziehen. Dies setzt nicht nur voraus, dass weitere Theorien im Unterricht behandelt worden sind, sondern dass der Schüler sich wiederholt darin üben konnte, selbständig nach ihm bekannten Theorien zu suchen, die ihm bei der Bearbeitung von Beispielen und Problemen pädagogischer Praxis hilfreich sein könnten. Schließlich eröffnet die Aufgabe 3 dem Schüler auch die Möglichkeit zu einer selbstkritischen Metareflexion seiner praxisbezogenen Reflexionen und der von ihm hergestellten Theoriebezüge.

Die Aufgabe genügt damit auf den ersten Blick den Anforderungen, die an einen kompetenzorientierten Unterricht zu stellen sind: Sie verlangt solides Wissen, Verständnis, Urteilsfähigkeit und praxisbezogenes Denken. Dem Schüler werden in den Aufgaben 2 und 3 weite Spielräume belassen, innerhalb derer er sich bewegen kann. Die Bearbeitung dieser beiden Aufgaben verlangt ein hohes Maß an selbständiger Reflexion. Das Aufgabenbeispiel ist durch seine Ausrichtung auf wissenschaftliche Theorie und pädagogische Praxis ein Beispiel für die Erfolgsüberprüfung eines Pädagogikunterrichts, der versucht, seinem wissenschafts- und handlungspropädeutischen Auftrag in integrativer Weise gerecht zu werden.

Allerdings sind im Hinblick auf diese zunächst positive Beurteilung der Aufgabe einige ergänzende Hinweise zu den mit ihr verbundenen Problemen erforderlich:

(a) Der erste Hinweis betrifft den mit der Aufgabenbearbeitung verknüpften Erwartungshorizont: Während die Erwartungen an das vom Schüler nachzuweisende Wissen und an sein Modellverständnis relativ präzise vorab bestimmt werden können, lassen sich für die geforderte Beurteilung des Krappmannschen Modells und den Vergleich mit Eriksons Modell keine inhaltlichen Festlegungen treffen, sondern nur mögliche Kriterien und Vergleichsgesichtspunkte angeben, von denen sich der Schüler leiten lassen könnte. Noch offener müssen die Erwartungen hinsichtlich der Teilaufgabe 3 bleiben. Es können lediglich Rahmenerwartungen formuliert werden, die vom Schüler in unterschiedlicher Weise eingelöst werden können. Die in den Erwartungen formulierten inhaltlichen Gesichtspunkte dürfen deshalb nur als *mögliche*, aber nicht als verbindlich zu berücksichtigende Aspekte betrachtet werden. Dies schließt die Möglichkeit ein, dass der Schüler auch Überlegungen anstellt, die im Erwartungshorizont nicht berücksichtigt wurden.

Ergänzend ist darauf hinzuweisen, dass die Beurteilung der Leistungen zu den Teilaufgaben 2 und 3 nicht einseitig in additiver Weise durch Auszählung der im jeweiligen Erwartungshorizont formulierten oder vom Schüler zusätzlich eingebrachten Aspekte erfolgen darf. Denn die einzelnen Aspekte können in sehr unterschiedlichem Umfang und auf sehr unterschiedlichem Niveau behandelt werden. Wenn einige Gesichtspunkte ausführlich und differenziert erörtert werden, geht dies notwendigerweise zu Lasten anderer Aspekte. Es wird daher eine Abwägung zwischen der Reichhaltigkeit der angesprochenen Gesichtspunkte und der Qualität ihrer Behandlung erforderlich, eine Abwägung, die nur der Lehrer angesichts der konkreten Arbeit vornehmen kann und die sich somit jeder Möglichkeit der Standardisierung entzieht.

(b) Ein zweiter Hinweis zielt auf den Bezug der Teilaufgaben zueinander: Zunächst könnte es so scheinen, als seien die Aufgaben aufgrund der nach den Anforderungsbereichen I bis III gestuften Operatoren relativ disjunkt. Dieser Schein trügt indessen. Denn ohne die in Aufgabe 1 überprüften Kenntnisse und ohne das im ersten Teil der Aufgabe 2 nachzuweisende Verständnis kann der Schüler die weiteren Aufgaben nicht bewältigen. Dies bedeutet, dass die Aufgaben nicht unabhängig voneinander bearbeitet werden können, sondern in der Weise hierarchisch aufeinander aufbauen, dass die Bearbeitung von Aufgabe 3 die erfolgreiche Bewältigung von Aufgabe 2 und diese wiederum die in Aufgabe 1 nachzuweisenden Kenntnisse voraussetzt. Der Schüler, der defizitäre Kenntnisse hat, wird demnach keine Chance zur Bearbeitung der nachfolgenden Aufgaben haben. Diese fehlende Disjunktion mag von Empirikern als ein Mangel dieser Aufgabe angesehen werden, ein Urteil, das dann allerdings auch die Einheitlichen Prüfungsanforderungen in der Abiturprüfung (EPA) treffen würde. Die Kommission schließt sich diesem Urteil nicht nur nicht an, sondern ist der gegenteiligen Auffassung: Von Reflexions- und Handlungskompetenz kann ohne solide Wissensbasis keine Rede sein, weshalb diese – wie alle anderen – Kompetenzen wissensfundiert sein müssen (vgl. die Auflistung „Kompetenzfundierender Kenntnisse“ in Kapitel 5). Im Hinblick auf das Verhältnis der Anforderungsbereiche zueinander weist die Kommission zusätzlich auf die Problematik hin, die sich ergibt, wenn künftig in zentralen Abiturprüfungen dem Anforderungsbereich II ein höherer Stellenwert zuerkannt werden soll als dem Anforderungsbereich III. Die Aufgabe macht über die Erwartungshorizonte zu den drei Teilaufgaben deutlich, dass damit gerade diejenigen Leistungen in ihrer Bedeutung abgewertet würden, auf die der Pädagogikunterricht von seinem Bildungsauftrag her besonderen Wert zu legen hat.

(c) Der dritte Hinweis bezieht sich auf die Voraussetzungen, unter denen die Aufgabe gestellt wird. Es wurde eingangs angemerkt, dass die Modelle von Krappmann und Erikson als Basis für die Reproduktion im Unterricht gründlich behandelt sein sollten. Es ist aber durchaus vorstellbar und sinnvoll, den Unterricht nicht auf die Aneignung von Theoriewissen zu beschränken, sondern die in den Aufgaben 2 und 3 geforderten Reflexionen bereits im Unterricht anzustellen. Nur wenn diese Art der Reflexion wiederholt im Unterricht geübt wurde, kann erwartet werden, dass die Schüler zu analogen Reflexionen in neuen inhaltlichen Kontexten selbständig in der Lage sind. Dies heißt aber, dass das Maß an Selbständigkeit, das die Schüler bei der Aufgabenbearbeitung benötigen, massiv davon abhängt, inwieweit die geforderten Überlegungen bereits im Unterricht angestellt wurden. Sollte dies der Fall sein, handelt es sich bei den Schülerleistungen lediglich um Reproduktionen, wenn auch um Reproduktionen qualitativ anspruchsvoller Überlegungen. Insofern können die Schülerleistungen nur in Kenntnis des vorangegangenen Unterrichts beurteilt werden, von dem es abhängt, ob die geforderten Reflexionen lediglich Reproduktionscharakter haben oder als eigenständige Leistungen anzuerkennen sind. Dies ist solange kein Problem, wie die Leistungsbeurteilung allein durch den Lehrer oder besser noch in Kooperation von Lehrer und Schülern erfolgt. Denn sie – und sie allein – wissen, welche Leistungen lediglich Reproduktionscharakter haben und welche Leistungen von den Schülern bei der Aufgabenbearbeitung selbständig erbracht wurden. Zum Problem wird die Beurteilung dagegen bei zentralen Prüfungen, für die zwar relativ präzise Leistungserwartungen formuliert werden können, die aber nicht davon ausgehen können, dass der Unterricht identische oder auch nur vergleichbare Voraussetzungen für die Schüler geschaffen hat. Dies ist allerdings ein Problem, das nicht nur diese Aufgabe betrifft, sondern genereller Natur ist.

(d) Viertens sei auf die Fragwürdigkeit der Zuordnung von Operatoren zu qualitativ abgestuften Qualitätsniveaus (I – III) hingewiesen, die ignoriert, dass derselbe Operator auf sehr unterschiedlichen Qualitätsniveaus vollzogen werden kann. Erforderlich wäre statt dessen eine qualitative Differenzierung der Erwartungen, die an den Vollzug der einzelnen Operatoren gerichtet werden. Ohne solche Niveauabstufungen können die durch niedrig eingestufte Operatoren (z. B. „wiedergeben“) geforderten Leistungen anspruchsvoller sein als Leistungen, die von den Operatoren her als höherwertig eingestuft sind (z. B. „erörtern“). So kann z.B. die präzise, differenzierte und strukturierte Wiedergabe des Balancemodells von Krappmann (Anforderungsbereich I) eine anspruchsvollere Leistung darstellen als die Erörterung einiger sehr allgemein gehaltener Hinweise auf Möglichkeiten der pädagogischen Förderung der Identitätsentwicklung (Anforderungsbereich III). Der Grund dafür liegt, wie *theoretisch* spätestens seit Klafkis Kritik an einseitig formalen bzw. materialen Bildungskonzeptionen und *praktisch* seit den ersten Versuchen der Lernzieloperationalisierung und -taxonomisierung (Bloom et al.) bekannt ist, in der unzulässigen Aufspaltung der Erwartungen in formale (Anwendung von Operatoren) und materiale (inhaltliche Aussagen) Leistungen. Es ist sehr zu fragen, ob es erforderlich ist, dass jede Generation diesen bekannten didaktischen Kardinalfehler erst selbst wiederholen muss, um zu besseren Einsichten zu gelangen. Die Frage verschärft sich, wenn nicht die für diesen Fehler wissenschaftlich und bildungspolitisch Verantwortlichen die Konsequenzen ertragen müssen, sondern die Schüler, deren Bildung unter dieser Fehlentwicklung leiden muss.

(e) Angesichts dieser Problematik kann fünftens der Hinweis nicht überraschen, dass sich differenziertere Qualitätsmaßstäbe nicht anhand der Operatoren, sondern nur in den abschließenden Hinweisen zur Benotung gewinnen lassen. Aber auch diese belassen den Lehrern noch einen großen Ermessungsspielraum bei der Entscheidung, ob und in welchem Maße die Aufgaben erfüllt sind. Dadurch wird eine objektive Zuweisung von Punkten und damit eine objektive Benotung, wie sie in Aufgabe Nr. 1 angestrebt wird, unmöglich. Andererseits vergrößert sich durch die verbliebenen Spielräume die Möglichkeit, die individuellen Stärken und Schwächen der einzelnen Aufgabenlösung besser zu berücksichtigen.

(f) Sechstens kann die Aufgabe auf die Künstlichkeit und damit Fragwürdigkeit der Unterteilung der Aufgaben nach Anforderungsbereichen aufmerksam machen. Im Unterrichtsalltag wird es kaum vorkommen, dass Schüler zu reinen Reproduktionsleistungen veranlasst werden, ohne zugleich nachweisen zu sollen, dass sie das Reproduzierte auch verstanden haben. Um so unsinniger ist es, die Überprüfung, in welchem Maße sich die Schüler das Krappmannsche Modell angeeignet haben, in einen Reproduktionsteil (Anforderungsbereich I) und einen Verstehensteil (Anforderungsbereich II) aufzuteilen. Schon um unnötige und zeitraubende Wiederholungen bei Reproduktion und Erläuterung zu vermeiden, wäre es sinnvoller, auf den Anforderungsbereich I ganz zu verzichten und dem Schüler sofort eine Erläuterung des Modells (Anforderungsbereich II) abzuverlangen, die ohne hinreichende Kenntnisse nicht möglich ist.

(g) Siebtens sei angemerkt, dass durch die Aufgabe nur kognitive Fähigkeiten der Schüler überprüft werden, aber keine Kompetenzen im vollen Umfang des Begriffs (vgl. Weinerts Definition[1]). Verlangt wird der Nachweis von Kenntnissen, Verständnis, Reflexionsfähigkeit, nicht aber von motivationalen, volitionalen, sozialen und performati-

---

[1] Weinert, F.E. (2001): Vergleichende Leistungsmessung in Schulen – eine umstrittene Selbstverständlichkeit. In: ders. (Hg.): Leistungsmessungen in Schulen. Weinheim / München, 27f.

ven Dispositionen, die unverzichtbare Voraussetzungen von Kompetenz sind.

(h) Schließlich sei achtens darauf hingewiesen, dass durch die Aufteilung der Aufgabe in Teilaufgaben eine erhebliche Vorstrukturierung der erwarteten Schülerleistungen erfolgt: Der Schüler muss nicht mehr selbst die Struktur finden, die zur Bearbeitung des Themas hilfreich sein könnte, sondern bekommt zumindest in den ersten beiden Aufgaben eindeutige Anweisungen, die den Rahmen seiner Überlegungen abstecken. Dadurch wird z. B. die Möglichkeit ausgeschlossen, dass der Schüler seine Arbeit mit einem Beispiel eines in einer Identitätskrise befindlichen Jugendlichen beginnt und dann die Möglichkeiten erörtert, diesen bei seinem Versuch der Bewältigung der Krise zu unterstützen. Ebenfalls versperrt ist der Weg, das Thema im Ausgang von Eriksons Modell oder von der Selbstkonzepttheorie zu behandeln. Damit sind durchaus sinnvolle Möglichkeiten des Zugriffs auf das Thema zugunsten einer Struktur verschlossen, die vor allem den Zweck hat, eine einheitlichere Beurteilung der Schülerleistungen zu ermöglichen, nämlich anhand der Anforderungsbereiche, die durch die Einheitlichen Prüfungsanforderungen in der Abiturprüfung (EPA) vorgegeben sind. Es sei angemerkt, dass dies eine künstliche Struktur ist, die sich zwar aus benotungstechnischen Gründen anbieten mag, aber dem normalen Prozess pädagogischen Denkens diametral zuwiderläuft: Dieses wird immer von einem Problem pädagogischer Praxis ausgelöst, das dann (möglichst theoriefundiert) reflektiert wird und mit Hilfe praktischer Vernunft gelöst werden muss. Die Aufgabenstruktur erfordert dagegen den Ausgang von einer Theorie, dann die Erläuterung und Beurteilung der Theorie sowie den Vergleich mit einer zweiten Theorie und schließlich die Beantwortung der Frage, welche Bedeutung diese Theorien für eine pädagogische Praxis haben könnten, die nicht näher gekennzeichnet wird und deshalb nur als vage Vorstellung die Reflexion der Schüler leiten kann. Entsprechend abstrakt werden deren Überlegungen ausfallen. Praktische Vernunft, die erforderlich ist, um abstrakte Theorie und konkrete Erziehungspraxis sinnvoll aufeinander zu beziehen, wird nicht gefordert. Die Aufgabe, so anspruchsvoll sie auch ist, bleibt damit hinter dem zurück, was der Pädagogikunterricht (z. B. durch die Bearbeitung konkreter Praxisbeispiele; vgl. Aufgabe Nr. 4) leisten kann und von seiner Zielsetzung her leisten sollte.

Aufgabe Nr. 6:

I. Thema: **„Adlers Entwicklungsmodell"**

II. Jahrgangsstufe: 13

III. Kursart: Leistungskurs

IV. Aufgabentypus: materialungebunden, ungegliedert, schriftlich (Abituraufgabe)

V. Textgrundlage: entfällt

VI. Aufgabe: **Welche pädagogisch relevanten Einsichten können Erzieher aus der Auseinandersetzung mit Adlers Entwicklungsmodell gewinnen?**

VII. spezifische inhaltliche Voraussetzungen für die Bearbeitung der Aufgaben:

- Grundzüge der Freudschen Entwicklungstheorie
- das Entwicklungsmodell von Alfred Adler.

VIII. Angaben zum Erwartungshorizont:

Es wird erwartet, dass die Schüler ihre Antwort auf die gestellte Frage selbständig strukturieren und dieser Struktur folgend die Bedeutung Adlers für pädagogisches Denken und Handeln herausarbeiten. Da unterschiedliche Strukturierungen möglich sind, kann die Formulierung von Erwartungen an die Aufgabenbearbeitung lediglich zu erwartende Reflexionsbereiche und deren zentrale Komponenten ansprechen.

1. durch die Aufgabenbearbeitung nachzuweisende Standards:

Kompetenzbereiche, Anforderungsbereiche, Kompetenzen:			
A	**B**	**C**	**D**
1.1 2.1 2.2 3.3 3.5 3.6	3.2	1.3 2.7 3.3 3.8	1.3 1.4 1.5 1.6 2.1 3.1 3.2 3.4 3.8 3.9

Kompetenzfundierende Inhalte:			
a	**b**	**c**	**d**
1.1 1.2 2.3 4.1 4.4 7.1 7.4 7.6 8.2 8.6	1.1	1.1 1.3 1.4 1.5 3.1 3.3	2.2 4.2 4.4

2. spezielle Leistungserwartungen an die Aufgabenbearbeitung:

(a) Die Schülerinnen und Schüler
- arbeiten die zentralen Komponenten des Adlerschen Entwicklungsmodells heraus: biologische

Minderwertigkeit; Minderwertigkeitsgefühl; Kompensationsbedürfnis; Anerkennung als Mittel der Kompensation; zunehmende Verfestigung der Strategien, Anerkennung zu suchen, zu einem individuellen Lebensstil (I)
- benennen die von Adler herausgestellten Strategien der Suche nach Anerkennung: in der Gemeinschaft; über Macht (I)
- geben die von Adler genannten Gefahren ausbleibender Anerkennung wieder: Irrwege; Minderwertigkeitskomplex (I).

(b) Sie
- erläutern die für Adlers Modell zentralen Begriffe (II)
- entfalten die Grundstruktur von Adlers Modell, indem sie dessen Hauptkomponenten sachgerecht zueinander in Beziehung setzen (II)
- veranschaulichen das Modell anhand von Beispielen (II)
- stellen Beziehungen zur Charakterentwicklung her (II)
- erläutern den individualpsychologischen Charakter des Modells (II)
- erläutern den finalen Charakter des Adlerschen Modells (II)
- vergleichen diesen Ansatz mit Freuds kausalem Erklärungsansatz (II).

(c) Sie
- diskutieren die Leistungsfähigkeit des Modells für die Erklärung menschlicher Entwicklung (III)
- beurteilen das Modell aus lernpsychologischer Sicht (III)

- erörtern Möglichkeiten der Ergänzung des Modells durch Komponenten anderer Entwicklungsmodelle (III)
- erörtern theoriegestützt Gefahren pädagogischen Fehlverhaltens (z.B. Verzärtelung, Repression, Inkonsequenz) für die Entwicklung auf (III)
- beurteilen und bewerten das Adlersche Modell unter pädagogischen Kriterien (III)
- entwerfen Möglichkeiten, das Adlersche Modell in pädagogisch sinnvoller Weise zu nutzen (III)
- metareflektieren ihre eigenen Überlegungen und ihr pädagogisches Selbstverständnis (III).

IX. Hinweise zur Benotung:

(a) Voraussetzungen für die Note „ausreichend“:

Die Bearbeitung der gestellten Aufgaben weist zwar Mängel auf, genügt aber insgesamt den im Erwartungshorizont genannten Anforderungen. Dies heißt,

- dass Adlers Entwicklungsmodell in seinen Grundzügen im wesentlichen korrekt wiedergegeben wird
- dass die zentralen Begriffe dem Sinne nach korrekt verwendet werden
- dass Adlers Modell mindestens anhand eines Beispiels erläutert wird
- dass der individualpsychologische Charakter des Modells herausgestellt wird
- dass mindestens eine Möglichkeit aufgezeigt wird, das Modell pädagogisch zu nutzen
- dass der Erklärungswert des Modells wenigstens ansatzweise in nachvollziehbarer Weise beurteilt wird

• dass das Modell wenigstens ansatzweise aus pädagogischer Perspektive beurteilt und bewertet wird
• dass die Ausführungen im wesentlichen auf die Aufgabenstellung bezogen sind
• dass die Arbeit in einer zwar nicht fehlerfreien, aber insgesamt verständlichen Sprache abgefasst ist und eine nachvollziehbare Grobgliederung aufweist.

(b) Voraussetzungen für die Note „gut“:

Die Bearbeitung der gestellten Aufgaben entspricht den im Erwartungshorizont genannten Anforderungen in vollem Maße. Dies heißt,
• dass Adlers Entwicklungsmodell differenziert in seiner Struktur wiedergegeben wird
• dass die zentralen Begriffe präzise erläutert und verwendet werden
• dass das Modell anhand geeigneter Beispiele zutreffend erläutert wird
• dass der Erklärungswert des Modells differenziert beurteilt wird
• dass Hinweise auf die Ergänzungsbedürftigkeit des Modells durch weitere Modelle gegeben werden
• dass an mehreren Beispielen die pädagogische Bedeutung des Modells in differenzierter Weise nachgewiesen wird
• dass die Beispiele in abwägender Weise reflektiert werden
• dass das Modell unter pädagogischen Kriterien in differenzierter und argumentativ nachvollziehbarer Weise beurteilt und bewert wird
• dass die Ausführungen konsequent auf die Aufgabenstellung bezogen sind

- dass die Arbeit durchgehend in einer fachgerechten, präzisen Sprache abgefasst und in transparenter und systematischer Weise gegliedert ist.

Kommentar zur Aufgabe Nr. 6:
(„Adlers Entwicklungsmodell“)

Bei der Aufgabe handelt es sich um eine anspruchsvolle, nicht-textgebundene Aufgabe, die nicht in Teilaufgaben untergliedert ist.

Die Bearbeitung der Aufgabe setzt voraus, dass Adlers Entwicklungsmodell im Unterricht gründlich behandelt und von den Schülerinnen und Schülern hinreichend verstanden wurde. Nur unter dieser Voraussetzung kann erwartet werden, dass die in der Aufgabe formulierte Frage nach der pädagogischen Relevanz des Modells von den Schülern beantwortet und die Beantwortung sinnvoll strukturiert werden kann.

Der Verzicht auf die Vorgabe von Teilaufgaben nötigt die Schüler zu einer selbständigen Strukturierung ihrer Überlegungen. Sie müssen selbst bedenken, ob und in welchem Maße sie zunächst das Adlersche Modell reproduzieren, erläutern, beurteilen, an Beispielen veranschaulichen wollen, bevor sie pädagogische Einsichten zusammenstellen, die aus dem Modell zu gewinnen sind, oder ob sie gleich von solchen Einsichten ausgehen und diese dann im Rückgriff auf Adler stützen wollen; sie müssen die Entscheidung darüber treffen, ob sie und ggf. welche Bezüge sie zu anderen Theorien und Modellen herstellen wollen; sie müssen selbst die pädagogisch relevanten Einsichten herausfinden, die sie thematisieren wollen, und über die Art ihrer Behandlung befinden; sie müssen entscheiden, ob sie ihre Überlegungen einer kritischen Metareflexion unterziehen wollen; und sie sind gehalten, einen zweckmäßigen Aufbau ihrer Arbeit zu planen.

Die Aufgabe genügt damit weithin den Anforderungen, die an einen kompetenzorientierten Unterricht zu stellen sind: Sie verlangt solides Wissen, Verständnis, Urteilsfähigkeit und theoriefundiertes praxisbezogenes Denken. Sie nötigt die Schüler zu einer Verknüpfung von wissenschafts- und praxisbezogener Reflexion und kann somit als eine sinnvolle Aufgabe eines Pädagogikunterrichts gelten, der versucht, seinem wissenschafts- und handlungspropädeutischen Auftrag in integrativer Weise gerecht zu werden. Sie belässt den Schülern bei der Bearbeitung der Aufgabe weite Spielräume, innerhalb derer sie sich bewegen können und verlangt ihnen damit ein hohes Maß an Selbständigkeit ab. Zu dieser werden sie nur in der Lage sein, wenn sie diese im bisherigen Unterricht anhand analoger Aufgaben hinreichend eingeübt haben. Dies sollte indessen für einen Unterricht selbstverständlich sein, der sein Hauptziel darin sieht, die Schüler zu selbständigem, d. h nicht auf Hilfen durch den Lehrer angewiesenem Denken und Handeln zu befähigen.

Allerdings ergeben sich aus den Freiräumen, über die die Schüler bei der Bearbeitung der Aufgabe verfügen, gewisse Schwierigkeiten für eine einheitliche Beurteilung der Schülerarbeiten. Es kann nur ein Erwartungshorizont formuliert werden, der so offen sein muss wie die gestellte Aufgabe, die lediglich die Benennung pädagogischer Konsequenzen aus dem Adlerschen Modell verlangt. Deshalb formuliert nur die letzte der unter VIII.2.c benannten Erwartungen („entwerfen Möglichkeiten, das Adlersche Modell in pädagogisch sinnvoller Weise zu nutzen“) eine von den Schülern obligatorisch zu erbringende Leistung. Welche Konsequenzen in welcher Art behandelt werden sollen, muss dagegen offenbleiben. Ebenso dürfen alle anderen Erwartungen nur als Benennungen möglicherweise, vielleicht auch wünschenswerterweise zu erbringender Leistungen verstanden werden, die aber nicht unbedingt erbracht werden müssen und zu denen Alternativen möglich sind.

Damit bleibt auch die Auswahl der Operatoren für die Bearbeitung der Aufgabe den Schülern überlassen. Ob sie einzelne Modellkomponenten benennen und erläutern oder das Modell zusammenfassend darstellen wollen, ob sie das Modell wissenschaftstheoretisch einordnen und mit anderen Modellen vergleichen wollen, bleibt ihre Entscheidung. Insofern muss die Urteilsfindung offen sein für die individuellen Aufgabenlösungen der Schüler. Beurteilt werden können nur die tatsächlich erbrachten Leistungen, die sich von Schüler zu Schüler nicht nur in ihrer Qualität, sondern auch hinsichtlich der verwendeten Operatoren erheblich unterscheiden können. Damit stellt sich die Frage, ob nicht eine Beurteilung möglich ist, die nicht auf den Vollzug vorgegebener Operatoren ausgerichtet ist, sondern durch die Verwendung allgemeinerer Kriterien offen bleibt für die individuellen Aufgabenlösungen der Schülerinnen und Schüler. Solche Kriterien könnten sein:

- das Ausmaß, in dem die Arbeit auf das Thema fokussiert ist bzw. von diesem abschweift
- die Reichweite und der Tiefgang der Überlegungen
- die Komplexität, Differenziertheit und Präzision der Aussagen
- das Ausmaß von Reflektiertheit und Problembewusstsein
- die Reichhaltigkeit, Stimmigkeit, Fundiertheit der Argumentation
- die Nachvollziehbarkeit von Theorie-Praxis-Bezügen
- die Kohärenz der Gedankenführung
- das Ausmaß an Selbständigkeit, Kreativität und Originalität der Aufgabenbearbeitung
- die Qualität der sprachlichen Präsentation.

Zwar sind auch diese Kriterien wie die Operatoren rein formaler Natur, d.h. noch nicht inhaltlich gefüllt. So bleibt offen, ob und wann eine sprachliche Präsentation als gelungen oder misslungen zu beurteilen ist. Und auch diese Kriterien müssen nach Niveaustufen differenziert werden (z. B. von geringer bis zu großer Reflektiertheit). Aber die Aufgabe gibt Anlass, noch einmal gründlich darüber nachzudenken, ob solche Kriterien dem Bildungsanliegen des Pädagogikunterrichts nicht affiner sind als die Orientierung an vorgegebenen Operatoren. Während diese die Reflexionsleistung des Schülers ganz im Sinne der angestrebten Operationalisierung in eine Fülle – beliebig vermehrbarer bzw. austauschbarer – Operatoren zerlegen, sind die aufgelisteten Kriterien insofern besser auf die für den Pädagogikunterricht zentrale Kompetenz abgestellt, als sie das pädagogische Denken und Handeln gerade in seinem Zusammenhang und nicht additiv als Summe einzelner Teilleistungen beurteilen.

Dies schließt nicht aus, dass einzelne Operationen, die für die Reflexionsleistung des Schülers konstitutiv sind, in ihrer Qualität geprüft und zur Beurteilung herangezogen werden, so wie dies immer schon der Fall war, wenn Lehrer ihre Schüler durch ihre Korrektur auf eine unpräzise Aussage oder eine defizitäre Argumentation aufmerksam gemacht haben. Insofern kann der Vollzug von Operatoren Kriterien liefern, an denen sich die Beurteilung der Reflexionsleistung orientiert. Der entscheidende Unterschied zu den bereits operationalisierten Aufgaben besteht indessen in folgendem: Während in diesen Aufgaben die zu verwendenden Operatoren und damit die Denkaktivitäten vorgegeben werden, müssen die Schüler in der vorliegenden Aufgabe selbst die für ihre Aufgabenbearbeitung geeigneten Operatoren wählen. Dass diese und ihre Auswahl dann zum Gegenstand der Beurteilung werden, ist naheliegend und kann helfen, diese differenzierter zu begründen und sie damit dem Schüler besser nachvollziehbar werden zu lassen.

Im Hinblick auf die Voraussetzungen, unter denen die Aufgabe gestellt wird, wurde bereits eingangs darauf hingewiesen, dass Adlers Modell als Basis für die Aufgabenbearbeitung im vorhergehenden Unterricht gründlich behandelt und eine hinreichende Modellkenntnis sichergestellt sein sollte. Hierzu sind durchaus standardisierte oder auch informelle Tests geeignet, durch die Kenntnisse und einfache Fähigkeiten überprüft werden können. Allerdings sollten diese Tests nicht zur Benotung herangezogen werden, sondern lediglich der Selbstüberprüfung der Schülerinnen und Schülern dienen. Die Auswertung der Tests kann dabei anhand vorgegebener Antworten durchaus durch den Schüler selbst oder wechselseitig durch zwei Schüler erfolgen. Auf diese Weise sollte sich am ehesten das didaktische Problem lösen lassen, dass der Pädagogikunterricht einerseits auf („weiche“) Kompetenzen zielt, die sich einer standardisierten Überprüfung entziehen, dass diese Kompetenzen andererseits nicht lediglich pädagogische Wunschträume bleiben dürfen, die kaum Realisierungschancen besitzen. Durch die Tests kann ein („hartes“) Fundament gesichert werden, das die notwendige Bedingung für die Verwirklichung weiterreichender Zielsetzungen ist. Auf diese Weise wird eine Vermittlung zweier oft als miteinander unverträglich bezeichneter Positionen möglich: der Position der pragmatischen Psychometriker, die ihr besonderes Augenmerk auf diejenigen Leistungen legen, die sich in einfacher Weise messen lassen, und der Position derjenigen Pädagogiklehrer, die sich in vielleicht allzu optimistischem Maße von ihrem Unterricht Bildungswirkungen versprechen, ohne sich dieser Wirkungen sicher sein zu können. Es macht wenig Sinn, messbare Leistungen als anspruchslos und darüber hinauszielende Bildungserwartungen als reine „Erlösungsphantasien“ zu diskreditieren. Ein pädagogisch verantwortlicher Pädagogikunterricht muss vielmehr bemüht sein, die Lernenden ein empirisch überprüfbares Repertoire an Kenntnissen und Fähigkeiten gewinnen zu lassen, das erst dem Versuch, die für pädagogisches Reflektieren und Handeln erforderlichen Kompetenzen zu erwerben, Aussicht auf Erfolg verleiht. Tests bilden dazu ein probates, aber in seiner Reichweite begrenztes Mittel.

Allerdings wird sich der Unterricht zumeist nicht darauf beschränken, die Schüler sich lediglich Theorie- oder Modellkenntnisse aneignen zu lassen, sondern diese als Basis für anspruchsvolle pädagogische Reflexionen nutzen. Sollte dabei bereits die Frage nach pädagogisch relevanten Einsichten aus Adlers Modell behandelt worden sein, sinkt das Anspruchsniveau der gestellten Aufgabe erheblich, weil die Schüler jetzt überwiegend Reproduktionsleistungen erbringen können (vgl. die weiteren Ausführungen hierzu im Kommentar zur Aufgabe „Erziehung als Hilfe bei der Identitätsentwicklung“).

Abschließend sei angemerkt, dass auch durch diese Aufgabe lediglich kognitive Fähigkeiten der Schüler überprüft werden, aber keine motivationalen, volitionalen, sozialen und performativen Dispositionen, die unverzichtbare Voraussetzungen von Kompetenz sind.

Probleme der Aufgabenkonstruktion (nicht nur) im Pädagogikunterricht

Die vorgestellten Aufgaben sind bewusst so zusammengestellt und angelegt worden, dass Leistungen und Grenzen der verschiedenen Aufgabenformate deutlich werden können. Schon ein flüchtiger Blick auf die Aufgaben zeigt freilich, dass sie recht grobe Instrumente darstellen. Die auftretenden Schwierigkeiten betreffen freilich nicht nur das Fach Pädagogik, sondern verweisen auf konzeptionellen und empirischen Klärungsbedarf in allen Fächern und Fachdidaktiken, und zwar nicht nur im Hinblick auf die Gestaltung der Aufgaben als Messinstrumente der Kompetenzen, sondern auch in Bezug auf die Kompetenz-Konstrukte selbst. Die Desiderate bei der genauen Fassung der Kompetenzen sind zahlreich und in den aktuellen Diskussionen in den Fachdidaktiken im allgemeinen sowie der Didaktik der hier involvierten pädagogisch-psychologischen Fächergruppe im besonderen benannt worden, so dass an dieser Stelle einige Hinweise genügen:

Auffällig ist zunächst, dass die Zuordnung von Aufgaben einerseits und Kompetenzen sowie inhaltlichen Standards andererseits wohl plausibilitätsgestützt vorgenommen worden ist, dass aber keine validen Erkenntnisse darüber vorliegen, inwieweit die Aufgaben tatsächlich die bezeichneten Kompetenzen testen. Dass die empirische Erforschung von Wissensgenese, Kompetenzaufbau und –überprüfung in vielen Domänen, so auch beim pädagogischen Lernen, in den Anfängen steckt, ist bekannt.

Die Schwierigkeiten im Hinblick auf das Fach Pädagogik können wegen der spezifischen Herausforderungen wenig überraschen. Denn empirisch gestützte Messinstrumente liegen bislang nur für das Lernen in relativ exakt definierten Domänen vor (z.B. für die „Stufen der mathematischen Grundbildung“ in „PISA 2000“). In komplexen, nur schwer operational definierbaren Domänen wie dem pädagogischen Denken und Handeln stößt die Entwicklung von validen und reliablen Messinstrumenten dagegen an grundsätzliche Grenzen, die u. a. mit der starken Individualisierung von Kompetenzen auf höheren Expertiseniveaus zusammenhängen.

Ein weiteres Problem bei der Aufgabenkonstruktion besteht darin, dass die Zuordnung von Teil-Leistungserwartungen zu den Anforderungsbereichen nur in Kenntnis des vorherigen Unterrichts möglich ist. Eine dem Anforderungsbereich III zugeordnete Beuteilungsleistung kann z.B. in Wirklichkeit eine bloße Reproduktionsleistung darstellen, wenn die geforderte Beurteilung zuvor im Unterricht bereits geleistet wurde.

Schwierigkeiten bei der Konstruktion der Aufgaben zu validen und reliablen Instrumenten der Überprüfung der Kompetenzen und Leistungserwartungen ergeben sich auch aus der Definition der Operatoren und ihrer Zuordnung zu den Anforderungsbereichen. Auch hier gilt: Die rein formale Zuordnung einzelner Operatoren zu den Anforderungsbereichen ohne Berücksichtigung des jeweiligen Inhalts muss scheitern, weil Operatoren je nach inhaltlichem Komplexitätsgrad auf unterschiedlichen Niveaus angewendet werden können. Einen einfachen, übersichtlich strukturierten Text zu analysieren kann geringere Anforderungen stellen, als einen komplexen, voraussetzungsreichen Text wiederzugeben. Die hier vorgestellten Aufgaben belegen an einigen Stellen die sich daraus ergebende Schwierigkeit, eindeutige Arbeitsanweisungen für die Teilaufgaben zu formulieren, also Vermischungen im Hinblick auf die Anforderungsbereiche zu vermeiden. Weitere Ungenauigkeiten können sich bei den Operatoren ergeben, die in den Anforderungsbereichen II und III Leistungen mit einem hohen Grad an Eigenständigkeit einfordern: „befragen“, „in Beziehung setzen“, „bewerten“, „beurteilen“, „gestalten“, „entwerfen“ etc. Wie kann hier überprüft werden? Es ist weder möglich noch sinnvoll, sämtliche akzeptablen Lösungsvarianten aufzulisten, um konkretisierte oder sogar operationalisierte Leistungsbeurteilungsvorgaben zu bekommen. Die praktikable und im Sinne der Standardorientierung auch gut legitimierte Lösung kann deshalb nur dahin bestehen, einen Rahmen vorzugeben – allerdings mit Kriterien, an denen die konkreten Lösungsvarianten zu messen sind. „Beurteilungen“ z.B. können auf Alltagserfahrungen basieren oder aber elaborierte Relationierungen von wissenschaftlichen Theorien vornehmen, also auf einem hohen und breiten Niveauspektrum realisiert werden. Inhaltliche und formale Leistungserwartungen müssen deshalb eine Einheit bilden. Sie künstlich zu trennen und gesondert bei der Leistungsbeurteilung zu gewichten, hieße, hinter jene bildungstheoretische Erkenntnis zurückzufallen, die Klafki in seinem Konzept der kategorialen Bildung als „doppelseitige Erschließung“ (nämlich von kategorial erhellenden Inhalten der äußeren Wirklichkeit und allgemeinen Einsichten und Erfahrungen des Subjekts) beschreibt[1].

Die dargestellten Schwierigkeiten bei der Ausarbeitung von Aufgaben zu validen Messinstrumenten schlagen bei den Vorgaben für die Korrektur, Bewertung und Benotung durch. Alle hier vorgelegten Aufgaben eröffnen Ermessensspielräume, die allerdings unterschiedlich groß ausfallen. Es gibt Aufgaben, die zwei Benotungsniveaus unterscheiden und sie mit recht allgemein gehaltenen Vorgaben bestimmen. Dies ist insofern gerechtfertigt, als z.B. die erwähnten Unterschiede in der unterrichtlichen Vorbe-

[1]Wolfgang Klafki: Studien zur Bildungstheorie und Didaktik. Weinheim, Basel 37. – 40. T. 1975, S. 43 f.

reitung nicht antizipiert werden können. Dem bewertenden und benotenden Lehrer wird dann die Verantwortung für die Operationalisierung der allgemeinen Vorgaben übertragen. Die Konsequenz ist allerdings, dass subjektive Prioritäten gesetzt werden, dass möglicherweise sogar die zentrale Intention von Standardisierung, verbindliche Anforderungen zur Sicherung und Steigerung der Qualität schulischen Lernens und Lehrens durchzusetzen, unterlaufen wird. Es bleibt den einzelnen Bewertern überlassen, wie sie z.B. die Teilleistungen gewichten, die Zuordnung zu den Anforderungsbereichen vornehmen etc. Das zeigt: Die Vorgabe von Standards, Kompetenzen und Leistungserwartungen allein bringt wenig, sie kann praktisch so lange folgenlos bleiben, wie eine verbindliche Evaluation ausbleibt – oder aber nicht konsequent durchgesetzt wird. Ist deshalb die Alternative, die Ermessensspielräume bei der Bewertung und Benotung einzuengen oder ganz auszuschalten? Im für das Zentralabitur in Nordrhein-Westfalen vorgesehenen Verfahren wird dies angestrebt. Auch eine der oben präsentierten Aufgaben (Nr. 1) versucht dies. Jedoch werden an ihr zahlreiche Folgeprobleme dieses Versuchs deutlich. Zunächst müssen alle Entscheidungen explizit gemacht werden, die in anderen Verfahren der subjektiven Ausgestaltung überlassen werden: die Formulierung konkreter Teilleistungen, ihre Zuordnung zu den Anforderungsbereichen, ihre Gewichtung durch Zuteilung von Punkten, die Umsetzung der erreichten Punkte in Noten etc. Offengelegt wird dabei, dass in vielen Entscheidungsbereichen kein fachdidaktischer Konsens existiert (z.B. bei der Gewichtung der Anforderungsbereiche), so dass es zum gegenwärtigen Zeitpunkt notwendig wird, viele Entscheidungen dezisionistisch zu treffen – was dann allerdings zu weiteren klärenden Diskursen Anlass geben sollte. Doch auch die in dieser Aufgabe enger gefassten Vorgaben lassen noch Ermessensspielräume offen, die als Argument gegen die Standardorientierung gewendet werden können. So kann die Benotung in einem ersten Schritt ganz im traditionellen Sinne erfolgen; in einem zweiten Schritt werden dann die für die jeweils vorgesehene Note erforderlichen Punkte (unter Nutzung der selbst bei dieser Aufgabe noch bestehenden Freiräume) zusammengesucht. Zu minimieren sind solche willkürlich-subjektiven Usurpationen der vorgegebenen Beurteilungsmaßstäbe wahrscheinlich nur durch konsequente Evaluationen der korrigierten Arbeiten.

Weiterhin ist einzuräumen, dass die in den Kapiteln 5 und 6 vorgestellten Kompetenzen und kompetenzfundierenden Kenntnisse zwar durch ihre strukturanalytische Gewinnung systematisch legitimiert, aber noch nicht nach Niveaustufen ausdifferenziert sind. Dies hat seinen Grund darin, dass bisher keine theoretisch und empirisch ausreichend fundierten Niveaustufenmodelle vorliegen. Ein erster Schritt in Richtung auf die benötigten Modelle wäre die theoretisch begründete Unterscheidung von Niveaustufen. Dabei könnten die traditionellen Anforderungsbereiche der Einheitlichen Prüfungsanforderungen im Abitur (EPA) eine wichtige Rolle spielen. Allerdings lassen diese noch etliche Fragen offen, die im folgenden wenigstens kurz angedeutet werden sollen:

Im Anforderungsbereich I (also hier die Punkte A 1, B 1, C 1, D 1) lassen sich noch quantitative Kriterien für eine Niveaustufung angeben: Umfang des Wissens, Anzahl der Wissenselemente oder Beispiele. Dies ist z.B. bei der ersten Leistungserwartung A.1.1 „pädagogisches Fachwissen eines abgegrenzten Gebiets (Fakten, Theorien, Modelle, Programme) sachgerecht wiedergeben und erläutern“ leicht nachzuvollziehen, jedoch sofort dann problematisch, wenn es um die Konkretisierung geht. Um welches pädagogische Fachwissen soll es gehen? Aus den in Kapitel 5 aufgelisteten inhaltlichen Standards müsste dazu ausgewählt und gewichtet werden, wobei für die Beurteilung

Kriterien wie das Vorwissen der Schülerinnen und Schüler, die zunehmende Voraussetzungshaftigkeit und Anschlussfähigkeit der Wissenselemente leitend wären.

In den höheren Aufgabenbereichen reichen quantitative Kriterien nicht mehr aus. Dazu ein Beispiel: Die Leistungserwartung D. 3.6: „Erziehung im eigenen Umfeld (z.B. in der Familie, in der Schule) beurteilen und Konsequenzen für die Mitarbeit an der eigenen Entwicklung durchdenken" kann zunächst hinsichtlich der notwendigen Wissensvoraussetzungen gestuft werden. Um diese Leistungserwartung zu erfüllen, benötigt man Wissen über den Erziehungsbegriff sowie über Familie und Schule als Sozialisationsinstanzen (z.B. a. 1; a. 5. 3; a. 5. 5; a. 7.5; a. 7.6). Hinzu kommen qualitative Gesichtspunkte: Differenziertheit bei der Erfassung der Erziehung in Familie und Schule, dabei sachlich ergiebiges Einbeziehen von erziehungs- und sozialwissenschaftlichen Theorien, Kreativität bei der Entwicklung von Konsequenzen für die eigene Entwicklung, Selbständigkeit, Stimmigkeit und Stringenz der Bezüge von Sachurteilen und Entwicklung möglicher pädagogischer Konsequenzen. Auch die kommunikative Leistung (mit Leistungserwartungen aus dem Kompetenzbereich C: Kommunikation) spielt eine Rolle. Es muss z. Zt. offen bleiben, inwieweit es gelingt, mit Hilfe solcher Kriterien eine Kompetenzstufung zu definieren, die dann in darauf bezogenen Aufgabenformaten überprüft werden kann.

Möglicherweise müssten die einzelnen Niveaustufen ihrerseits noch einmal nach Qualitätsstufen ausdifferenziert werden. Qualitätsmerkmale können z.B. die Komplexität oder die Präzision der Aussagen sein. Diese Merkmale können unterschiedlich ausgeprägt sein und so zu einer differenzierten Beurteilung innerhalb einer Niveaustufe führen. So ist z.B. die Kompetenz A.3.4. „pädagogische Praxis unter Nutzung pädagogischen Wissens unterschiedlicher Provenienz beurteilen und bewerten“ dem Anforderungsbereich III zugeordnet, aber sicherlich in Bezug auf die genannten Qualitätsindikatoren „Komplexität“ und „Präzision“ in höchst unterschiedlicher Weise realisierbar. Allerdings würde auf diese Weise das Beurteilungsinstrumentarium nicht nur differenzierter und leistungsgerechter, sondern auch erheblich schwerer handhabbar.

Weitere Probleme beim Versuch einer sinnvollen Stufung der Kompetenzen ergeben sich dadurch, dass bisher noch keine wirklich belastbaren, d. h. theoretisch und empirisch hinreichend geklärten Modelle der *Entwicklung* der Kompetenzen vorliegen. Solche Modelle müssten Entwicklungen von den Niveaus naiven Alltagswissens hin zu elaborierten Kompetenzausprägungen aufzeigen, in denen wissenschaftliches Wissen und elaboriertes Können selbstreflexiv und problemorientiert verarbeitet und effektiv zur Problemlösung aktiviert und zugeordnet werden.

Aufgrund dieser entwicklungspsychologischen Forschungsdesiderate kann bisher auch nicht auf theoretische und empirische Untersuchungen darüber zurückgegriffen werden, wie die zum Erreichen höherer Niveaustufen notwendigen Entwicklungsprozesse optimal gefördert werden können. Dabei ist zu beachten, dass die theoretisch gewonnenen Niveaustufen nicht zwingend identisch sein müssen mit den Entwicklungsstufen; denn der Entwicklungsprozess kann durch Rückschritte oder Umwege gekennzeichnet sein sowie, dies liegt gerade beim Lernen in der pädagogischen Domäne auf der Hand, je nach einschlägiger individueller Erfahrung differieren.

Die Probleme verschärfen sich im Hinblick auf die Mehrdimensionalität der Kompetenzen: So ist auffällig, dass alle Aufgabenvarianten ausschließlich kognitive Fähigkeiten überprüfen. Nach Klieme stellt Kompetenz nun aber „die Verbindung zwischen Wissen und Können her und ist als Befähigung zur Bewältigung unterschiedlicher Situationen zu sehen“[2]. Er fährt fort: „Entsprechend breit muss auch die Umsetzung in Aufgaben und Tests gestaltet sein.“[3] Zieht man die vergleichbare Definition von Weinert heran, wonach „Kompetenz“ sowohl kognitive Fähigkeiten und Fertigkeiten als auch motivationale, volitionale und soziale Bereitschaften und Fähigkeiten umfasst[4], so ist festzustellen, dass die Aufgaben dem damit vorgegebenen Anspruch bei weitem nicht gerecht werden. Das ist keine Nachlässigkeit, sondern belegt den erwähnten grundsätzlichen Klärungsbedarf. Soll sich die Überprüfung auf solche Kompetenzdimensionen beschränken, die operationalisierbar sind? Ist damit aber nicht die Gefahr einer massiven Reduktion des Bildungsanspruchs der Fächer verbunden? Welche Aufgabenformate sind geeignet, die nichtkognitiven Bestandteile von Kompetenzen zu erfassen? Am Beispiel des Pädagogikunterrichts kann das besonders klar nachvollzogen werden. Wie aus dem hier vorliegenden Entwurf zu den Bildungszielen des Faches, insbesondere aus der Konstruktion der Kompetenzbereiche und ihres Zusammenhangs (A, B, C als Basis für D: „Pädagogisches Denken und Handeln“) hervorgeht, zielt das Schulfach Pädagogik letztlich auf die propädeutische Ausbildung eben jener Handlungskompetenzen, die durch die Aufgaben gerade nicht vollständig überprüft werden können. Liest man das vorliegende Konzept kompetenzfördernden Pädagogikunterrichts von hinten nach vorne, also aus der Perspektive der Aufgaben im Hinblick auf das, was den Beitrag des Faches Pädagogik zur Bildung aus-

---

[2]Eckard Klieme: Was sind Kompetenzen und wie lassen sie sich messen? In: Pädagogik 56, 2004, H. 6, S. 13.

[3] ebd.

[4] Franz E. Weinert: Vergleichende Leistungsmessung in Schulen – eine umstrittene Selbstverständlichkeit. In: Franz E. Weinert (Hrsg.): Leistungsmessungen in Schulen., Weinheim / München 2001, S. 27 f.

macht, wird die restringierte Reichweite der Aufgaben offensichtlich.

Zu forcieren ist also die Entwicklung von Aufgabenvarianten, die die Überprüfung auch motivationaler, volitionaler und sozialer Bereitschaften und Fähigkeiten übernehmen, soweit sie – und diese Präzisierung ist entscheidend – in schulischen Lehr-Lern-Situationen entwickelt werden können. Die schulpädagogischen, speziell die didaktischen Handlungsmöglichkeiten sind hierzu noch keineswegs vollständig ausgelotet. Problemlos wird sich ein Konsens darüber herstellen lassen, dass die Entfaltung der Wissensdimension der Kompetenzen eine Ausgabe ist, für deren Bewältigung gerade schulisches Lehren und Lernen zuständig ist. Noch weithin offen muss dagegen zur Zeit bleiben, inwieweit schulisches Lernen die Relationierung von Wissen und Können zum Zwecke der Bewältigung von Handlungssituationen im außerschulischen Alltag befördern kann. Dabei zeichnet sich als zentrale Herausforderung ab, die nicht-kognitiven Kompetenzdimensionen zu präzisieren, möglicherweise sogar zu operationalisieren. Im Hinblick auf den Pädagogikunterricht sind dann z.B. folgende Fragen zu beantworten: Inwieweit kann durch Lehren und Lernen in schulischen Kontexten die Bereitschaft und Fähigkeit, nicht nur pädagogisch zu denken, sondern auch pädagogisch zu handeln, gefördert werden? Inwieweit kann der Wille aufgebaut und unterstützt werden, pädagogische Handlungsabsichten auch bei Widerständen durchzuhalten? Wodurch kann der Aufbau der zum pädagogischen Handeln notwendigen sozialen Fähigkeiten gezielt stimuliert und unterstützt werden?

Für den Bereich der sozialen Fähigkeiten liegen hierzu inzwischen einige Ansätze aus der Berufs- und Wirtschaftspädagogik vor. Sie setzen zur Überprüfung auf Aufgabenformate, die auf kriteriengeleiteten Verhaltensbeobachtungen bei Präsentationen, Gruppendiskussionen, Rollen- und Simulationsspielen basieren.[5] Im Hinblick auf den allgemeinbildenden Pädagogikunterricht existiert hier ein konkretes Desiderat. Ob es gelingt, auch für die Bereiche der Motivationen und Volitionen solche didaktisch fungiblen Konkretionen zu erarbeiten, muss zu diesem Zeitpunkt offen bleiben. Erst recht ist nicht vorstellbar, dass das mit dem Bildungsbegriff der großen pädagogischen Tradition gemeinte selbstreflexive Selbst- und Weltverständnis über operationalisierte Aufgabenformate gemessen werden kann.

Dennoch ist hervorzuheben, dass keine zwingenden Gründe dafür vorliegen, die didaktischen Handlungsmöglichkeiten zur Kompetenzbildung vorschnell auf die kognitive Dimension einzugrenzen. Allerdings dürften sich auch mehrdimensional angelegte Förderungskonzepte vor das Problem gestellt sehen, dass die Entwicklung in den verschiedenen Dimensionen keineswegs gleichmäßig verlaufen dürfte.

Eine für alle Dimensionen bestehende Gefahr besteht darin, dass die angedeuteten Probleme bei der Überprüfung anspruchsvollerer Kompetenzen zu einer Trivialisierung zuerst der Aufgaben und dann des Unterrichts führen könnten: Es wird überprüft, was operationalisierbar ist, und unterrichtet, was überprüft werden kann. Auf Aufgaben höheren Niveaus wird verzichtet, die Unterrichtszeit eingesetzt zum Training der durch die Aufgaben überprüfbaren Anforderungen. Die Veröffentlichung von Modellaufgaben verstärkt diesen Effekt noch.

Ein weiteres Problem besteht darin, dass die Aufgaben lediglich eine zu einem bestimmten Zeitpunkt erbrachte

[5] Z.B. Dieter Euler: Sozialkompetenzen bestimmen, fördern und prüfen. Grundfragen und theoretische Fundierung, St. Gallen 2004.

beobachtbare Leistung, also Performanz messen. Von ihr wird auf eine sie fundierende Kompetenz geschlossen. Die standardisierten Performanzerwartungen lassen jedoch alle konkreten Voraussetzungen der Leistungserbringung unberücksichtigt: Sie gehen von einem standardisierten Unterricht, von standardisierten Lehrern und von standardisierten Schülern aus. Alle leistungsrelevanten Hintergründe (z. B. unterschiedliche soziale und kulturelle Voraussetzungen, unterschiedliche Erfahrungen der Schüler, unterschiedliche Lernbedingungen im Kurs, unterschiedliche Qualität des vorangegangenen Unterrichts) bleiben unberücksichtigt – und damit Voraussetzungen, die für die individuelle Kompetenzentwicklung von besonderer Bedeutung sind. Aus gegenläufiger Sicht heißt dies: Die auf Leistungsstandards ausgerichtete Überprüfung von Kompetenzen formiert entsprechende Aufgaben, die Aufgaben formieren den auf sie vorbereitenden Unterricht, der Unterricht formiert die Schüler.

Überblickt man die vorgelegten Aufgaben unter den oben genannten Aspekten, so wird das bekannte grundsätzliche Dilemma überdeutlich: Je zielgenauer die Aufgaben die Kompetenzen überprüfen, desto trivialer sind diese; je fachlich anspruchsvoller die Kompetenzen und Qualitätsniveaus sind, desto weniger lassen sie sich mit operationalisierten Aufgabenformaten überprüfen. Zu widerstehen ist der Gefahr einer Tendenz zu einfachen Aufgaben, die ausschließlich auf Kompetenzen unterer Niveaus abzielen. Wie aber anspruchsvolle und zugleich valide zu überprüfende Aufgaben zu konzipieren sind, bleibt theoretisch und empirisch zu erforschen.

Ein möglicher Weg, um einige der angedeuteten Probleme zu lösen, könnte in einem gegenläufigen forschungsstrategischen und didaktischen Vorgehen bestehen. Die Erwartungshorizonte würden dann nicht, wie bisher, vorab (mehr oder weniger plausibel) auf bestimmte Kompetenzen und

Anforderungsbereiche bezogen, sondern die konkreten Schülerleistungen würden inhaltsanalytisch ausgewertet, um sie dann den Kompetenzen und ihren Niveaustufen zuzuordnen. Dies zu leisten, erforderte den Einsatz beträchtlicher personeller Ressourcen. Allerdings würde es durch ein solches Verfahren nicht nur möglich, die tatsächlichen Schülerleistungen und die Schwierigkeiten zu erfassen, die die Schüler bei der Lösung der Aufgaben haben, sondern auch darauf justierte Förderkonzepte zu entwickeln.

Weitere Anregungen für eine Didaktik kompetenzfördernden Pädagogikunterrichts lassen sich möglicherweise aus der Forschung über die Entwicklung professioneller Kompetenzen von Lehrerinnen und Lehrern im Kontext der Experten-Novizen-Forschung gewinnen. Dort wird zwischen Planung und Interaktion unterschieden. Planung geschieht unter geringerem Handlungsdruck und führt, wenn sie niveauvoll ausgeführt wird, zu Entlastungen in der konkreten Interaktionssituation, weil bereits Elemente des Handlungsrepertoires ausgesucht und zugeordnet worden sind. Solche Planungskompetenz kann durch eine reflektierte Kombination aus Unterricht, Simulationen und darauf bezogenen Reflexionen erworben werden. Interaktionskompetenz baut sich dagegen durch Verdichtung von Erfahrungen in Ernstsituationen auf – und zwar in jahrelangen Prozessen, wenn sie professionelle Qualitäten erreichen soll. Sie kann beschrieben werden als Kompetenz zur vielfältigen Vernetzung von situationsdiagnostischen Fähigkeiten und einem darauf bezogenen Handlungsrepertoire, das oft vorbewusst und äußerst schnell aktiviert werden kann. Aus dem Versuch der Übertragung dieser Einsichten aus der Forschung zur Entwicklung von Lehrerprofessionalität lässt sich schließen, dass der schulische Pädagogikunterricht auf das pädagogische Handeln nur in einem eingeschränkten Maße vorbereiten kann, dass er den

Aufbau von Planungskompetenz dagegen durchaus effektiv anbahnen und unterstützen kann.

Eine zusammenfassende Beurteilung der Leistungen und Grenzen der hier präsentierten Aufgabenformate ergibt, dass die vorlegten Aufgaben mit ihren Bezügen zu den Kompetenzen, Leistungserwartungen und inhaltlichen Standards einen ersten, zum gegenwärtigen Zeitpunkt möglichen Schritt gehen. Ihre Zusammenstellung und Kommentierung deckt dabei mehr prinzipiellen und fachdidaktischen Klärungsbedarf und damit Perspektiven für die weitere Forschung auf, als dass sie erprobte und empirisch validierte Modelle anzubieten hätte.

Die Aufgaben sollen vielmehr alle für die Schule im allgemeinen und den Pädagogikunterricht im besonderen Verantwortlichen (in der Wissenschaft, in der Bildungspolitik, in der Lehrerbildung und in den Schulen) auf die mit der Standardisierung verbundenen Probleme aufmerksam machen. Und sie sollen jede Lehrerin und jeden Lehrer sowie die Fachkonferenzen an den einzelnen Schulen dazu anregen, in konstruktiver und kreativer, aber durchaus kritischer Weise selbst Aufgaben zu erstellen, durch die der Kompetenzerwerb der Schülerinnen und Schüler unterstützt und ihr Kompetenzzuwachs ermittelt werden kann. Denn die Aufgabe, die Schüler in ihrer Kompetenzentwicklung zu fördern, darf nicht lediglich eine wohlgemeinte pädagogische Absicht bleiben, sondern bedarf der möglichst genauen Ergebnissicherung. Die Antwort auf die Frage, wie „genau“ diese Sicherung sein sollte und sein kann, sollte indessen nicht allein einigen wenigen Experten eines mit der „Qualitätssicherung im Bildungswesen“ betrauten Instituts oder vergleichbarer Institutionen vorbehalten bleiben, sondern Gegenstand eines möglichst breiten Diskurses aller Betroffenen sein.

8. Literatur:

Baumert, J. / Köller, O. (1998): Nationale und internationale Schulleistungsstudien. Was können sie leisten, wo sind ihre Grenzen? In: Pädagogik 50, 1998, H.6, 12-18.

Benner, D. (2002): Die Struktur der Allgemeinbildung im Kerncurriculum moderner Bildungssysteme. Ein Vorschlag zur bildungstheoretischen Rahmung von PISA. In: Zeitschrift für Pädagogik 48, 69-90.

Böttcher, W. (2003): Besser werden durch Leistungsstandards? Eine bildungspolitische Polemik auf empirischem Fundament. In: Pädagogik 55, 2003, H. 4, 50-52.

Brügelmann, H. (2004): Kerncurricula, Bildungsstandards und Leistungstests: Zur unvergänglichen Hoffnung auf die Entwicklung einer guten Schule durch eine Evaluation „von oben". In: Vierteljahrsschrift für wissenschaftliche Pädagogik 2004, H.4, 415 ff.

Dubs, R. (2005): Bildungsstandards: Das Problem der schulpraktischen Umsetzung. In: Seminar 11, H.4, 15-33.

Euler, D. (2004): Sozialkompetenzen bestimmen, fördern und prüfen. Grundfragen und theoretische Fundierung. St. Gallen.

Euler, D. / Reemtsma-Theis (1999): Sozialkompetenzen? Über die Klärung einer didaktischen Zielkategorie. In: Zeitschrift für Berufs- und Wirtschaftspädagogik 95, 1999, H.2, 168-198.

Fitzner, T. (2004) (Hg.): Bildungsstandards. Internationale Erfahrungen – Schulentwicklung – Bildungsreform. Bad Boll.

Helmke, A. (2003): Unterrichtsqualität: Erfassen, Bewerten, Verbessern. Velber.

Helmke, A. / Hosenfeld, I. (2004): Vergleichsarbeiten – Standards – Kompetenzstufen: Begriffliche Klärung und Perspektiven. In: Wosnitzka, m. / Frey, A. / Jäger, R.S. (Hg.): Lernprozess, Lernumgebung und Lerndiagnostik. Wissenschaftliche Beiträge zum Lernen im 21. Jahrhundert. Landau 2004, 56-75.

Herrmann, U. (2003): „Bildungsstandards" – Erwartungen und Bedingungen, Grenzen und Chancen. In: Zeitschrift für Pädagogik 49, 2003, H.5, 625-639

Horstkemper, M. (2005): Standards. Vermessungspädagogik oder Antrieb zur Verbesserung der Bildungsqualität? In: Pädagogik 57, H. 9, 6-9.

Ipfling, H.-J.: (2004): Vom Wiegen und Füttern. Kritische Anmerkungen zu Bildungsstandards. In: Beckmann et al. (Hg.): Ein neues Bild vom Lehrerberuf? Weinheim 2004, 44-54.

Kiper, H. (2005): Vom Lernzielorientierten zum Kompetenzorientierten Unterricht. Was bedeutet das Setzen von Standards für die Unterrichtsarbeit? – Überlegungen vor dem Hintergrund der KMK-Standards für die Lehrerbildung. In: Seminar 11, H. 2, 57-73.

Klieme, E. / Stanat, P. (2002): Zur Aussagekraft internationaler Schulleistungsvergleiche – Befunde und Erklärungsansätze am Beispiel von PISA. In: Bildung und Erziehung 55 (2002), 25-44.

Klieme, E. et al. (2003): Zur Entwicklung nationaler Bildungsstandards. Eine Expertise. Frankfurt a.M.

Klieme, E (2004): Was sind Kompetenzen und wie lassen sie sich messen? In: Pädagogik 56, 2004, H. 6, 10-13.

Klieme, E. (2005): Bildungsqualität und Standards. Anmerkungen zu einem umstrittenen Begriffspaar. In: Friedrich-Jahresheft 2005, 6-7.

Plöger, W. (2004): Bildungsstandards in bildungstheoretischer Sicht. In: Die Deutsche Schule 96, 8. Beiheft, 11-25.

Tenorth, H.-E. (2004a): Bildungsstandards und Kerncurriculum. Systematischer Kontext, bildungstheoretische Probleme. In: Zeitschrift für Pädagogik 50, 2004, H. 5, 650-661.

Tenorth, H.-E.: (2004): „Grundbildung" und „Basiskompetenzen". Herkunft, Bedeutung und Probleme im Kontext allgemeiner Bildung. In: Zeitschrift für Erziehungswissenschaft 7, 169-182.

Weinert, F.E. (2001): Vergleichende Leistungsmessung in Schulen – eine umstrittene Selbstverständlichkeit. In:

Weinert, F.E. (Hg.): Leistungsmessungen in Schulen. Weinheim / Basel, 17-31.

GFDP
Gesellschaft für Fachdidaktik Pädagogik

(Mitglied im Dachverband
fachdidaktischer Gesellschaften GFD)

Am 25.11.1999 wurde in Essen die Gesellschaft für Fachdidaktik Pädagogik (GFDP) als eine wissenschaftliche Institution gegründet, die sich speziell der fachdidaktischen Belange der pädagogischen Fächer annehmen will. Das Fach Pädagogik expandiert seit einiger Zeit stark und wird inzwischen - unter unterschiedlichen Bezeichnungen - an Gymnasien, Berufs-, Gesamt-, Real- und Hauptschulen sowie im tertiären Bereich unterrichtet. Deshalb scheint es geboten, die fachdidaktischen Bemühungen um diese Fächergruppe auch von der Wissenschaft her so zu unterstützen, wie dies für andere Fächer selbstverständlich ist.

Die Gesellschaft verfolgt insbesondere folgende Ziele:

- Stärkung des Bewusstseins für die Bedeutung der Fachdidaktik Pädagogik an den Hochschulen
- Unterstützung der fachdidaktischen Forschung und Lehre
- Förderung des Gedankenaustausches zwischen Fachdidaktikern und anderen Erziehungswissenschaftlern
- Intensivierung des Gedankenaustausches und der Zusammenarbeit zwischen Fachdidaktikern sowohl des allgemeinbildenden als auch des berufsbildenden Schulwesens
- Veranstaltung von Tagungen zur Fachdidaktik Pädagogik
- Vertretung fachdidaktischer Anliegen in den Universitäten
- Vertretung fachdidaktischer Anliegen gegenüber Parteien, Verbänden, Ministerien
- Öffentlichkeitsarbeit: Publikationen, Pressearbeit

Zur Mitarbeit und Mitgliedschaft in der Gesellschaft eingeladen sind:

- Fachdidaktiker der Pädagogik, die in allgemein- und berufsbildenden Studiengängen der Universitäten und Fachhochschulen lehren
- Vertreter der übrigen erziehungswissenschaftlichen Teildisziplinen an Universitäten und Fachhochschulen
- alle mit der Seminarausbildung und der Fortbildung der Pädagogiklehrer befassten Ausbilder
- Autoren, die Beiträge zur Fachdidaktik Pädagogik oder Schulbücher für die Fächer der pädagogischen Fächergruppe verfasst haben.

Anfragen und Mitgliedsanträge bitte an:

Geschäftsstelle der GFDP
c/o Dr. Elmar Wortmann,
Am Hang 32 B,
58453 Witten
Tel.: 02302/68110 Fax: 02302/427285
E-mail: wortmann.elmar@gmx.de
Homepage: www.fachdidaktik-paedagogik.de